Lisette Thooft

Alchemie der Liebe

Lisette Thooft

Alchemie der Liebe

Wie Beziehungskonflikte uns helfen, den Stein der Weisen zu finden

Verlag Urachhaus

Die niederländische Originalausgabe erschien unter dem Titel *Alchemie van de liefde. Het geheim van de strijd, en hoe relatieconflicten je helpen om de Steen der Wijzen te vinden* bei Uitgeverij Scriptum in Schiedam.

Deutsche Übersetzung und Bearbeitung: IMF Text-Dienste, Lohr

Erschienen im Verlag Urachhaus
www.urachhaus.com

ISBN 978-3-8251-7650-1

Umschlaggestaltung: Ursula Weismann
Umschlagabbildung: © mauritius images / corbis
Gesamtherstellung: CPI – Clausen & Bosse, Leck

Inhalt

Vorwort

Eines schönen Abends zu Anfang des Sommers 2002 begegnete ich meinem heutigen Partner. Es war Liebe auf den ersten Blick, auf beiden Seiten. Die Chemie zwischen uns stimmte und die Atmosphäre kribbelte. Wir saßen auf der Terrasse am Wasser und betrachteten gemeinsam die untergehende Sonne, während jeder lebhaft von sich erzählte und aufmerksam die Geschichte des anderen anhörte. Der Vollmond ging auf. Romantischer ging es kaum.

Es fiel uns an diesem Abend schwer, uns voneinander zu trennen. Er griff sofort am nächsten Morgen zum Telefon: Ob wir uns verabreden könnten? Innerhalb weniger Tage erklärten wir uns für verliebt. Es war der Beginn einer Beziehung, die meinen Blick auf mich selbst, auf Männer und auf die Liebe eingreifend verändern sollte.

Ich hatte bereits eine ganze Reihe von Beziehungen hinter mir, sowohl längere wie auch kürzere. Sie waren allesamt in die Brüche gegangen; aufgrund der fehlenden Bereitschaft der jeweiligen Männer, sich zu binden und sich wirklich hinzugeben – so dachte ich. Der eine wollte nicht mit mir zusammenziehen, der andere hatte noch ein paar Freundinnen in der Hinterhand, wieder ein anderer hing emotional noch an seiner Ex. Irgendwann hatte ich schließlich genug davon;

ich kappte die Beziehung und war wieder allein. Jedes Mal hatte ich die Empfindung, dass es nicht an mir gelegen hatte. Denn ich war ja bereit für die Liebe, ich brachte mich völlig ein. Ich schlussfolgerte, dass es offenbar sehr schwierig wenn nicht unmöglich war, einen Mann zu finden, der zu einer echten, offenen und ehrlichen, treuen, erwachsenen Liebesbeziehung fähig sei. Ich gab die Idee sogar mehr oder weniger auf. Dann eben kein Mann!

Doch mit diesem Mann war alles anders: Er wollte eine Beziehung, gern sogar. Die gemeinsam verbrachten Wochenenden wurden immer länger und nach einiger Zeit zogen wir zusammen. Wir waren voneinander fasziniert – und dennoch begannen wir einander immer mehr auf die Nerven zu gehen. Ich ärgerte mich über ihn und er reagierte darauf mit Rückzug. Dies ärgerte mich wiederum, und so gerieten wir in einen Teufelskreis. All dem lag ein Machtkampf zugrunde, ein Kampf, der fortwährend, manchmal offen, häufig jedoch unterschwellig, mit unterschiedlichen Waffen geführt wurde. Wer hatte recht, wer war besser, intelligenter, klüger, weiter entwickelt? Meistens handelte es sich um Bagatellen. Häufig stritten wir über unsere Art, wie wir miteinander redeten: Warum hörst du nicht zu? Warum sagst du sofort Nein zu allem, was ich sage?

Diesmal gelang es mir nicht, meinem Geliebten die Schuld in die Schuhe zu schieben. Ihm lag genauso viel wie mir an der Beziehung, das war völlig deutlich. Er liebte mich, darüber bestand kein Zweifel. Und das machte alles anders. Ich begann den *Drachen* zu erkennen, der in meiner eigenen Seele verborgen war, den Drachen des weiblichen Besserwissertums, des Besitzdrangs und der Sucht, an allem herumzukritteln – die Unfähigkeit, loszulassen. Diesem Drachen war ich in meiner Arbeit begegnet, einem Forschungsprojekt, das sich mit mythischen Bildern und ihrer symbolischen Bedeutung für uns heute befasste. So entdeckte ich auch das Gegenstück des Drachen in der männlichen Seele, ich nenne ihn einmal den *Roboter,* mit seinen gepanzerten Emotionen, seiner Sucht nach neuen und aufregenden Dingen – die Neigung, allzu leicht loszulassen. Und es wurde mir deutlich, wie und warum diese beiden Archetypen uns quasi »einprogrammiert« sind.

Ich hatte mich schon immer mit Büchern und Artikeln auseinandergesetzt, die sich mit Beziehungsfragen befassten, und ich schrieb und schreibe immer noch viel darüber in meinem Beruf als Freelance-Journalistin. Vor allem die spirituellen Seiten der Liebe fesseln mich. Einmal belegte ich einige Semester Theologie, wozu auch eine Reihe von Vorlesungen über Alchemie gehörte. Was ich bis zu dieser Zeit über die Alchemie wusste, war das, was alle mehr oder weniger wissen: Ein Alchemist ist jemand, der versucht, aus Blei Gold herzustellen. Durch die Vorlesungen öffnete sich mir eine neue Welt, eine fesselnde, jedoch komplizierte Welt von Texten, Symbolen und Idealen.

Der Dozent, ein Wissenschaftler der katholischen Radboud-Universität in Nijmegen, behandelte auch die »Chymische Hochzeit«, die den Alchemisten zufolge zwischen dem weiblichen und dem männlichen Element stattfindet. Das schlug bei mir ein. »All diese Prinzipien könnte man ohne Weiteres auf moderne Liebesbeziehungen anwenden«, sagte ich zu dem Dozenten. »Aber natürlich!«, antwortete er. »Das hängt alles damit zusammen.«

So ergab sich aus meinen eigenen Forschungen und dem Wissen, das ich mir über die Alchemie erworben habe, die

Grundlage für dieses Buch. Fast alles, was ich mir an Erfahrung und Wissen über Liebesbeziehungen erworben habe und was auf diesem Gebiet schiefgehen kann, worin die Ursachen liegen und was man tun kann, um die Beziehung zu verbessern, ließ sich, wie sich zeigte, in den alchemistischen Grundprinzipien zusammenfassen.

Sie brauchen dieses Buch nicht vom Anfang bis Ende zu lesen, obwohl ich es so geschrieben habe. Sie können überall beginnen und die Kapitel in jeder willkürlichen Reihenfolge lesen. Natürlich können Sie auch einfach am Anfang beginnen. Im ersten Kapitel gebe ich das nötige theoretische Hintergrundwissen zur Alchemie. Im zweiten Kapitel tauchen wir in die Praxis ein. Das dritte Kapitel erzählt Ihnen alles über den Drachen und den Roboter, und im vierten Kapitel gehe ich tiefer auf den biologischen, evolutionären Ursprung sowie die spirituelle Bedeutung dieser beiden Archetypen in unserer Seele ein. Es geht dabei um das Geheimnis des Kampfes: Jede Auseinandersetzung hat einen Nutzen und Sinn. Kapitel fünf bringt eine psychologische Übung, die zu einer vertieften Selbsterkenntnis führt und die jeder ohne Voraussetzungen anwenden kann. Dazu viele Beispiele, wie sich deren Resultate interpretieren lassen. Im sechsten Kapitel beschreibe ich die unterschiedlichen Stadien, die eine Beziehung durchlaufen kann, und im siebten Kapitel gebe ich einige Tipps, die dazu beitragen können, dass das Feuer des Kampfes nicht allzu hoch auflodert; Hinweise und Erkenntnisse, die mir selbst sehr nützlich waren. Kapitel acht handelt von der Sexualität und zeigt, was sie für Sie bedeuten kann, wenn Sie auch darin eine neue Richtung suchen. Kapitel neun behandelt die Beziehung, wenn man sie unter dem Gesichtspunkt einer alchemistischen Retorte betrachtet: Die sexuelle, aber auch die emotionale Treue zum anderen hält diese Retorte verschlossen. In den letzten drei Kapiteln gehe ich auf die spirituellen Seiten einer Beziehung ein; die Möglichkeiten und die Notwendigkeit, sich selbst zu entwickeln und deren Effekt auf die Liebe.

1 Alles ist eins

Alles ist eins, sagten die Alchemisten,
auf Griechisch: *en to pan.*
Darum kann Blei zu Gold werden –
auch in Ihrer Beziehung.

Was geht in Liebesbeziehungen eigentlich vor sich? Und warum gibt es gerade dort so viel Streit? Woher kommt es, dass man sich gerade über die Person, die man am meisten liebt, so unglaublich ärgern kann?

Jede Liebesbeziehung ist ein alchemistischer Prozess. Das Bemühen, sich mit dem Partner zu vereinen, löst bei uns etwas aus, es bringt einen Transformationsprozess in Gang. Die Beziehung als Ganzes ist ein neues Element, das zur Vollendung, zur Erhebung auf höhere Ebenen strebt. Das ist der geistige Grund, warum wir überhaupt Liebesbeziehungen mit einem anderen Menschen eingehen.

Die meisten Menschen wissen dies intuitiv schon immer. Wenn man 12 ½ Jahre lang verheiratet ist, sprechen wir von der kupfernen Hochzeit. Haben wir es 25 Jahre miteinander ausgehalten, so sprechen wir vom Silber. Nach 50 Jahren feiern wir die goldene Hochzeit und nach 60 Jahren die diamantene. Damit wollen wir zum Ausdruck bringen, dass eine Ehe, wenn alles gut geht, im Laufe einer langen Ehezeit immer edler und wertvoller und wir selbst ebenfalls bessere Menschen werden. Wir beginnen mit einem unedlen Metall, dem Blei, und verwandeln uns auf dem Weg über das warm glänzende Kupfer über das strahlende Silber und das wertvolle Gold letztendlich in das härteste Mineral, das es überhaupt gibt, den strahlendsten Kristall, den Diamanten. Er wurde unter hohem Druck in den Tiefen der Erde gebildet. Es ist müßig zu betonen, dass nicht jedes Paar an seinem 60. Hochzeitstag wie zwei strahlende Diamanten daherkommt ... Manche Menschen scheinen ewig im Bleistadium zu verharren. Doch es gibt auch Paare, denen man förmlich ansehen kann, dass sie sich geläutert und entwickelt haben, aufgrund der langen Zeit, die sie miteinander verbrachten. Sie haben Gegensätze überwunden, sich einander innerlich angenähert und sind auf dem Weg dorthin bessere, vollständigere Menschen geworden. Sie sind vielleicht noch nicht perfekt, doch freundlicher, aufmerksamer, ruhiger und weiser. Der männliche Partner hat dann möglicherweise einige weibliche Qualitäten entwickelt: Er hat zum Beispiel keine Angst mehr vor Gefühlen. Und der Weiblichere der beiden ist hoffentlich etwas männlicher geworden, etwas lockerer, weniger kritisch und weniger verkrampft. Jede Beziehung ist tatsächlich ein alchemistischer Prozess, mit allem, was dazugehört.

Was ist ein alchemistischer Prozess? »Alchemie« ist der Sammelbegriff für eine große Fülle von Texten und Bildern, die im Laufe einiger Jahrtausende zustande gekommen sind, verfasst von Gelehrten, Weisen, Philosophen und Wissenschaftlern in Ägypten, Arabien und Europa. Die Alchemie hatte eine weltliche und eine geistige Seite, die lange Zeit ein Ganzes bildeten, doch ab ungefähr dem 17. Jahrhundert auseinanderzufallen begannen. Die irdische Seite der Alchemie ist der Vorläufer unserer heutigen Chemie geworden. Die spirituelle Seite schien verschwunden zu sein, seit die rationale Wissenschaft aufzublühen begann, d. h. seit dem

17. und 18. Jahrhundert. Doch es zeigt sich, dass sie in verschiedenen spirituellen Strömungen weiterlebt.
Das Ziel aller alchemistischen Experimente bestand – knapp zusammengefasst – im Erreichen eines Zustands der Vollendung. Die Alchemisten selbst wollten vollkommen werden und suchten in der stofflichen Welt nach dem perfekten Stoff, der vollkommenen Medizin. Das bekannte Symbol dafür war der sogenannte Stein der Weisen, der *Lapis Philosophorum,* der aus Blei Gold machen sollte. Blei ist schwer und dunkel, irdisch, undurchdringlich und lichtlos; Gold ist ein Edelmetall, es glänzt und funkelt und es rostet oder korrodiert nicht. Die Alchemisten waren davon überzeugt, dass es möglich sein musste, aus Blei Gold zu machen, weil sie davon ausgingen, dass alles in der gesamten Schöpfung letztlich eins ist. Ein göttliches Prinzip durchzieht alles, vom Höchsten bis zum Niedrigsten. Wenn dies zutraf, musste es innerhalb dieser Einheit möglich sein, einen Stoff zu erheben, ihn in eine edlere, vornehmere Substanz zu transformieren.
Das irdische Leben zu erheben, es auf eine höhere Ebene der Vollkommenheit zu bringen, das war das Ziel der Alchemie. Dies, so wusste man, war nur durch einen intensiven Prozess erreichbar, der unterschiedliche Stadien zu durchlaufen hatte. Wenn es gelang, würde es auch gelingen, ein Lebenselixier zu finden, das die Menschen unsterblich machen würde, die sogenannte Panazee, das Heilmittel gegen alle Krankheiten.

Viele Alchemisten gingen davon aus, dass die Grundlage dieser Entwicklung vom Blei zum Gold in der Verbindung von Gegensätzen lag. Wenn man zwei einander in allen Eigenschaften polar entgegengesetzte Elemente zusammenbrächte, so würde ein chemischer Prozess in Gang gesetzt werden. Der Alchemist musste die Umstände herbeiführen, unter denen sich dieser Prozess entfalten konnte, jede Phase sorgfältig beobachten und den gesamten Verlauf überwachen.

Die fundamentalsten Gegensätze, die wir kennen, sind das weibliche und das männliche Prinzip. Viele alchemistische Experimente und Schriften handeln deswegen von der Vereinigung des männlichen und des weiblichen Prinzips, symbolisiert durch die Substanzen Schwefel und Quecksilber, mit einem altmodischen Wort: Merkur (siehe Abb. rechts); oder auch durch Sonne und Mond. Schwefel und Quecksilber reagieren problemlos und stark aufeinander, wie man bereits in der Antike wusste. Sie bilden miteinander Quecksilbersulfid, einen tiefroten Farbstoff, der bis ins 18. Jahrhundert in der Malerei verwendet wurde – das sogenannte Zinnober, die Farbe der Liebe.

Es ging dabei nicht in erster Linie um die Stoffe an sich, sondern um ihre Qualitäten. Die Eigenschaften des Schwefels waren ein Symbol für das Männliche: Das Wort Schwefel ist verwandt mit dem Wort ›schwellen‹, und Schwefel ist leicht entzündlich und explosiv. Die enorm starke Tendenz des Quecksilbers zur Verschmelzung war ein Symbol für die weibliche Qualität. Alchemisten verfassten ihre Abhandlungen häufig in einer verschlüsselten und symbolischen Sprache, wobei sie für die Stoffe und Prinzipien, mit denen sie arbeiteten, Decknamen verwendeten. So bezeichneten sie Merkur häufig als ›den Drachen‹.

Der zu Beginn des 16. Jahrhunderts lebende Schweizer Alchemist Paracelsus führte eine dritte Substanz in die alchemistische Experimentierkunst ein: das Salz. Salz ist ein

Mercurius als Jungfrau mit Drachenkind.
Alchemistische Darstellung, 1550.

Kristall, und wir werden noch sehen, dass jede gelungene Verbindung zwischen dem Männlichen und dem Weiblichen ebenfalls einen Kristallisationsprozess darstellt.
Auf alchemistischen Abbildungen sehen wir daher häufig einen König und eine Königin mit Kronen auf den Köpfen, um ihren Adel anzudeuten, die miteinander verschlungen sind, nackt und eingesperrt in eine alchemistische Retorte (siehe Abb. rechts). Als Paar gehen sie durch einen Prozess, in dessen Verlauf sie in ihrer alten Gestalt sterben und in einer neuen, höher entwickelten Form wieder auferstehen. Im Verlauf dieses Prozesses bringen sie ein Königskind hervor, eben den Stein der Weisen. Das ist die ›Chymische Hochzeit‹, und die Alchemisten glaubten fest, dass man allein vom Betrachten dieser Tafeln schon ein besserer Mensch wurde.

Die Alchemie ist im Laufe der Geschichte häufig verlacht worden, und manche Machthaber haben sie sogar verboten. Man war der Meinung, dass Alchemisten naiv seien und sich selbst in ihrem Glauben an die Läuterung von Stoffen und Menschen etwas vormachten; Metalle konnten sich niemals in Gold verwandeln. Im schlechtesten Fall ging es der Alchemie darum, Menschen durch Tricks und Taschenspielereien hereinzulegen.
Man kann aus heutiger Sicht die Auffassung vertreten, die Alchemie als angewandte Wissenschaft sei misslungen, weil die alten Alchemisten Luftschlösser bauten, wenn sie glaubten, dass es möglich sei, auf Erden Vollkommenheit zu erreichen. Dennoch gossen sie unermüdlich ihre Experimente mit irdischen Stoffen in die Form einer theoretischen Lehre. Das Resultat war eine unübersehbar große Reihe von Erfahrungen und Versuchen, die jeder Alchemist auf seine

König und Königin in der Retorte.
Alchemistische Darstellung, 1550.

eigene Weise schriftlich niederlegte – eine unüberschaubare Fülle tiefsinniger oder auch pseudo-tiefsinniger, häufig auch völlig unverständlicher Schriften.

Erst als die Alchemisten ihre erhabenen Ideen und Philosophien losließen und bescheiden, systematisch und vorurteilslos wiederholbare und kontrollierbare Forschung nach den Stoffen und den Prozessen in ihren Laboratorien zu treiben begannen und deren Resultate miteinander in einer klaren Sprache austauschten, verwandelte sich die Alchemie allmählich in die Chemie. Ab diesem Moment bildete sich eine Fülle von praktischem Wissen heraus, auf dem spätere Generationen von Forschern weiterbauen konnten. So wurde die Grundlage unserer heutigen Chemie und Technologie mit ihren unvorstellbar vielen Möglichkeiten gelegt.

»Die Intuition ist nur dann treffsicher, wenn sie in Erfahrung wurzelt«, schreibt Hans ten Dam in seinem Buch *Das Rosenfenster.* »Darum geht das Stoffliche dem Geistigen voran.«

Als eine Anleitung, die stoffliche Welt, die uns umgibt, zu verstehen, mag die Alchemie also gescheitert sein. Doch was zeigt sich? Die alchemistischen Intuitionen können wir besonders gut auf die emotionalen Beziehungen zwischen Menschen anwenden. In der Vereinung des Männlichen und des Weiblichen, während der etwas auskristallisiert – sowohl in sich selbst wie auch in der Beziehung mit dem anderen – liegt tatsächlich ein Rezept für geistiges Wachstum und geistige Entwicklung. Natürlich müssen wir dabei mit beiden Beinen auf dem Boden der Tatsachen bleiben. Das Wunschbild der Vollendung, die Idee, dass wir ein vollkommener, perfekter Mensch werden können und dass auch unser Partner perfekt sein muss, ja dass es möglich ist, eine perfekte Beziehung zu haben – all das ist eher ein Hindernis als eine nützliche theoretische Basis.

Aber auch wenn Vollkommenheit auf Erden unmöglich ist, so ist doch eine Entwicklung, die in diese Richtung führt, keineswegs ausgeschlossen. Jede Beziehung hat die starke Neigung, zu immer höheren Entwicklungsebenen hin zu streben. Dies scheint ein Widerspruch in sich zu sein, doch dies ist nur scheinbar so. Vollkommenheit können wir auf Erden nicht erreichen, doch wir können uns auf den Weg dorthin begeben, und dieser Weg ist ein Weg ohne Ende. Die Franzosen benutzen dafür ein schönes Symbol, das man häufig auf goldenen Ketten sehen kann, die Partner einander schenken. Dort steht eingraviert: + *hier – demain*. Ausgeschrieben steht dies für den Satz: *Plus qu'hier, moins que demain*: Mehr als gestern, weniger als morgen. So ist auch unsere Liebe: Sie ist schon größer, als sie am Anfang war, aber noch nicht so groß, wie sie einmal werden wird. Eine Liebesbeziehung, in der die Liebe immer wächst, ist eine gelungene, geglückte, gute Beziehung. Wir werden durch sie zu einem besseren Menschen, denn Liebe kann nur wachsen, wenn wir unseren Egoismus beiseite schieben. Das ist eine alchemistische Beziehung, die mit beiden Beinen auf dem Boden steht. Die *Vollkommenheit* können wir vergessen, doch die *Verbesserung und Vergrößerung* unserer Liebe ist ein Ziel, das wir jeden Tag aufs Neue erfahren können. Die alchemistischen Prinzipien können uns helfen, diesen Prozess besser zu verstehen.

2 Jede Beziehung ist prima

Unsere Liebesbeziehung ist die
prima materia eines alchemistischen
Prozesses. Wir sind genau so,
wie wir gerade jetzt sein müssen,
um mit diesem Prozess zu beginnen,
und unser Partner ist es ebenfalls.
Wenn Sie keinen Partner haben,
so ist auch dies genauso richtig.

Ich hatte meinen neuen Partner, es funkte gewaltig zwischen uns, und nach etwa anderthalb Jahren zogen wir zusammen. Doch wie ich bereits sagte, nach der ersten schönen und erregenden Zeit begann ich mich immer mehr über ihn zu ärgern. Wir bekamen Streit miteinander, und ich wusste sicher, dass es an ihm lag. Denn ich tat doch wirklich mein Bestes; ich war ganz ich selbst, offen und ehrlich. Dies machte ihn offenbar kopfscheu. Reserviert, distanziert. Er brauchte dringend eine Therapie, fand ich. Zweifellos hatte er alle möglichen alten Verletzungen noch nicht verarbeitet, vielleicht lag es an der Mutter oder Ähnlichem, wodurch er sich in Beziehungen nicht richtig einzubringen vermochte. Also riet ich ihm, zu Dr. X. zu gehen, einem alten Psychiater, der mir einmal sehr geholfen hatte, als ich mich in einer emotionalen Krise befand.

Mein Partner ging dorthin. Nach dem ersten Gespräch kam er nach Hause mit der Mitteilung, dass Dr. X. mich beim folgenden Mal ebenfalls dabeihaben wolle. Und eine Woche

später saßen wir also zu zweit im Sprechzimmer des Psychiaters. Er richtete das Wort an mich und sagte ungefähr Folgendes:
»Du bist der Meinung, dass mit diesem Mann etwas nicht stimmt … Und nun bringst du ihn zu mir wie einen Apparat, der nicht optimal funktioniert. Am liebsten würdest du ihn nach ein paar Monaten Therapie wieder zurückbekommen als den perfekten Partner, der dir vorschwebt. Aber jetzt werde ich dir einmal etwas sagen.«
Er machte eine bedeutsame Pause. Ich wartete voller Spannung, was nun wohl käme.
»An diesem Mann ist gar nichts verkehrt. Und ich werde auch überhaupt nichts mit ihm machen. Er braucht keine Therapie. So wie er ist, ist er völlig in Ordnung.«
Mir blieb der Mund offen stehen. Das hatte ich nicht erwartet. »Nun, dann muss ich mich wohl selber ändern«, hörte ich mich selbst stammeln. Denn so, wie es jetzt war, konnte es doch nicht bleiben.
Es blieb auch nicht so. Doch ich brauchte mich auch nicht zu ändern: Ich veränderte mich von selbst, sobald ich meinen Partner zu akzeptieren begann, wie er war. Die Worte des Psychiaters hatten einen starken Effekt. Ich begann, meine Aufmerksamkeit mehr auf mich selbst zu richten, auf meinen Beitrag zur Beziehung – nicht nur auf die positiven Seiten, sondern auch auf den Schatten, den ich mit einbrachte, die dunkle Seite meiner Liebe. Ich begab mich auf einen Erkundungsgang nach dem Drachen in mir selbst, der meinem Partner offenbar einen solchen Schreck einjagte, dass er dadurch irritiert wurde und sich zurückzog. Und ich entdeckte, wie stark dieser Drache in ein Spiel mit seinem Antipoden in meinem Partner verwickelt war: dem

gepanzerten Ritter mit dem heruntergeklappten Visier, oder, in gesteigerter Ausprägung, dem Roboter.
Unsere Beziehung geriet nach diesem Moment in eine Aufwärtsspirale. Sie wurde immer tragfähiger, enger und zugleich transparenter, offener und ehrlicher. Das vollzog sich Schritt für Schritt, mit Rückschlägen und Erfolgen, ab und zu gab es auch Streit, jedoch überwogen zum Glück die Phasen des ruhigen, fröhlichen Wohlbefindens. Ab und zu führte ich Tagebuch. Wenn ich es heute lese, kann ich sehen, wie ich immer wieder auf eine höhere Ebene gelangt bin: wie die Auseinandersetzungen allmählich an Heftigkeit verloren und die Erkenntnisse tiefer wurden, wie unsere Freundschaft wuchs und die Zärtlichkeit immer freiere Hand bekam.

Liebe ist etwas Paradoxes, und eine ihrer tiefsten Paradoxien besteht in Folgendem: Je weniger Perfektionismus wir anstreben, desto besser wird sie. Dies ist das Geheimnis der Alchemie der Liebe, der Schlüssel zur Schaffung des Steins der Weisen, die wahre Panazee, die alle Leiden heilt. Wenn man das in einem Satz ausdrücken möchte, so würde er ungefähr so lauten:

> Die höchste Vollendung, die hier und jetzt
> auf Erden erreichbar ist,
> ist die Freiheit, auch das Unvollendete
> zu akzeptieren und zu lieben.

Dies sind nur leere Worte, und sie werden Ihnen vielleicht nicht viel sagen – bis Sie sie in Ihrem eigenen Leben »realisiert« und sie als innere Wahrheit erlebt haben, als etwas, das aus Ihrem Inneren kommt und Sie von innen her transformiert. Liebesalchemie ist das Entdecken dieser inneren Wahrheit, Stück für Stück, Tag für Tag, bis Sie dermaßen davon erfüllt sind, dass sie Ihre Handlungen, Ihre Gefühle und Ihre Gedanken lenkt.

Dass eine Liebesbeziehung ein alchemistischer Prozess ist, gilt übrigens auch für gleichgeschlechtliche Beziehungen. Die meisten Schwulen und Lesben, mit denen ich gesprochen habe, erkennen sich und ihre Beziehung hervorragend in den alchemistischen Gesetzen und Prinzipien wieder. Jeder Mensch trägt nämlich verschiedene »klassische« männliche Eigenschaften in sich wie zum Beispiel Tatkraft, Mut und Unternehmungsgeist, zusammengefasst: das Streben nach Freiheit. Jeder Mensch hat auch archetypisch weibliche Eigenschaften wie: Empfänglichkeit, Anhänglichkeit, das Bedürfnis nach Ordnung und Harmonie, zusammengefasst: die Sehnsucht nach Liebe. Das ist die Basis, die tiefste Schicht der menschlichen Seele. Und letztendlich handelt es sich darum, die beiden Gegenpole in sich selbst zu vereinen. Das ist »das große Werk« der Alchemie. Und die Beziehung, die zur Blüte kommt, wenn man ernsthaft dieses große Werk betreibt, ist »das kleine Werk«.

Manchmal ist die Männlichkeit oder die Weiblichkeit einer Eigenschaft nicht so deutlich erkennbar, bis wir bemerken, dass es sich dabei um eine andere Variante des Freiheitsdrangs oder aber des Strebens nach Harmonie, nach Liebe handelt. Der eine Partner ist zum Beispiel jemand, der gerne feiert, der andere liebt mehr die Ruhe. Oder der eine ist äußerst sparsam, der andere hat ein permanentes Loch im Portemonnaie. Der eine wählt seine Worte mit Bedacht und diplomatisch, der andere platzt spontan mit allem heraus.

Dies sind genau die Ausgangspunkte, die uns, jedenfalls wenn man sie alchemistisch betrachtet, weiterbringen. Gerade da, wo Konflikte auf der Lauer liegen und leicht Reibungen entstehen, treten alchemistische Reaktionen auf. Wenn beide Partner sich selbst, einander und der Beziehung treu bleiben, gibt es nämlich nur eine einzige Möglichkeit: Wir erheben uns über die Konflikte, indem wir uns zu einer höheren Ebene entwickeln, auf der wir einander wieder finden können. Wir sublimieren die *prima materia,* d. h. die gegebene Situation, zu einer höheren Ordnung.

Wir fangen beim Anfang an, bei der heutigen Situation, der Beziehung, die wir mit unserem Partner haben. *Prima materia* ist das Material, mit welchem der Alchemist arbeitet, wörtlich das »erste Material«, das von Gott gegebene oder von der Natur gelieferte Ausgangsmaterial, das uns zur Verfügung steht. Weil es uns gegeben ist, ist es gut, so wie es ist; es ist genau das, was wir brauchen.

Dies ist das erste alchemistische Prinzip der Liebesalchemie: *Ihr Partner ist genau der richtige Partner für Sie in diesem Moment.* Auch Sie selbst sind genauso, wie Sie sein müssen, um einen alchemistischen Transformationsprozess in Gang zu setzen. Die Situation, in der Sie beide sich befinden, ist »prima materia«, inklusive aller Spannungen, Reibungen und Auseinandersetzungen. Eigentlich werden Sie ein echter Alchemist der Liebe – also ein Mensch, der bewusst mit diesem Prozess umgeht –, sobald Sie sich für die Denkmöglichkeit öffnen, dass Ihr Partner in Ordnung ist, so wie er oder sie in diesem Moment ist, und dass er oder sie genau dasjenige ist, was Sie für Ihre geistige Entwicklung brauchen. Das ist der Ausgangspunkt, der Punkt, von dem an der Prozess bewusst zu verlaufen beginnt.

Haben Sie keinen Partner, so ist auch das genau dasjenige, was Sie in diesem Moment gerade brauchen. Sie verstehen vielleicht nicht, warum es so ist, vielleicht haben Sie die Nase voll davon, Sie fragen sich, wie lange Sie noch allein bleiben müssen … Doch das alchemistische Gesetz lautet: Es ist in diesem Moment dennoch eine nützliche Situation für Sie. Akzeptieren Sie sie.

Nichts und niemand *muss* sich ändern. Aber nichts und niemand wird derselbe bleiben, der er war, wenn der Prozess einmal in Gang gekommen ist. Es geht von selbst. Indem Sie sich in den alchemistischen Prozess begeben, werden Sie ein bewussterer, entspannterer und/oder liebevollerer Mensch. Und wenn Sie dies werden, so wird Ihre Umgebung es Ihnen zurückspiegeln. Haben Sie einen Partner, dann wird er oder sie früher oder später ebenfalls bewusster, entspannter und/oder liebevoller sein. Das ist eine Gesetzmäßigkeit. Man kann ihr gar nicht entrinnen. Ihr Partner kann sich zwar weigern, sich zu ändern, er kann sich querstellen, ja Sie sogar verlassen und die Beziehung beenden. Doch dann wird das Leben Ihnen früher oder später irgendwann einen besseren Partner zuführen.

Haben Sie keinen Partner, dann werden Sie schließlich eine so unwiderstehliche Anziehungskraft auf Ihre Umgebung ausüben, dass ein Partner auf Sie zukommen wird. Aber das Akzeptieren dessen, was jetzt gerade ist, mit allen Konsequenzen inklusive der Leere, dem Alleinsein, der Sehnsucht und der Einsamkeit – das ist die Grundvoraussetzung.

Warum ist es so wichtig, die Ausgangssituation so zu akzeptieren, wie sie ist? Zunächst einmal handelt es sich um eine Art Lackmus-Test. Stellen Sie sich einmal vor, Ihr Partner würde sich niemals verändern, er würde immer so bleiben, wie er jetzt gerade ist. Würden Sie sich dann immer noch eine Beziehung mit dieser Person wünschen? Nur wenn Sie auf diese Frage mit Ja antworten können, lieben Sie Ihren Partner genug. Wenn Sie Bauchweh bekommen angesichts der Idee, noch 30 oder 50 Jahre mit jemandem verbringen zu müssen, der dem Alkohol oder der Pornografie verfallen ist und dies auch immer bleiben wird, der ein manipulierendes Spiel mit Ihnen treibt und dies höchstwahrscheinlich auch den Rest seines Lebens tun wird – um nur einige Beispiele zu nennen –, so müssen Sie sich ernsthaft fragen, ob diese Beziehung eigentlich gut für Sie ist, oder ob es nicht besser wäre, Sie würden sie beenden.

Der zweite gute Grund, Ihren Partner zu akzeptieren, ist ein geistiger. Nur dann bleiben Sie nämlich in der Erfahrung, im Stoff verwurzelt. Etwas zu akzeptieren, so wie es ist, gelingt nur dann, wenn Sie mit Ihrer Aufmerksamkeit im Hier und Jetzt leben und Ihre Situation im Hier und Jetzt wahrnehmen. Alles andere, etwa Hoffnungen, Erwartungen oder Bedauern sind »Gedankenspiele« – Hirngespinste, Vorstellungen, Erinnerungen, Idealbilder, Theorien, Wünsche oder Urteile. Was nicht im Stoff verwurzelt ist, ist dreimal nichts wert, so schön es auch zu sein scheint: Es ist virtuell, eine Luftblase, eine Seifenblase mit schönen Farben, die an Ihren Augen vorüberschwebt und früher oder später zerplatzt.

Nur im Hier und Jetzt berühren Stoff und Geist einander. Das geistige Symbol für diese Tatsache ist das christliche Kreuz. Die horizontale Linie ist die des Raumes, die vertikale die der Zeit. Der Punkt, an dem sie sich kreuzen, ist das Hier und Jetzt. Und zwar in meinem Körper.

Es ist überhaupt nicht einfach für einen Menschen, im Hier und Jetzt zu leben. Es erfordert ein großes Opfer: Unser denkendes, grübelndes, idealisierendes, fantasierendes, erinnerndes und urteilendes Selbst muss dafür beiseite geschoben werden. Wenn wir uns an das Kreuz des Hier und Jetzt nageln lassen, sterben wir in gewisser Hinsicht – jedoch um dann auf einer höheren Ebene wieder aufzuerstehen. Nur im Hier und Jetzt, in der vollständigen, akzeptierenden, liebenden Einheit mit dem Stoff, im Kontakt mit unserem eigenen Körper und der Situation, so wie sie ist, haben wir Zugang zur geistigen Welt. Jeder andere Kontakt, den wir mit Gott oder Göttinnen zu haben glauben, mit Engeln oder Naturgeistern, mit Stimmen von Verstorbenen oder irgendwelchen Wesen aus dem Weltraum, ist reine Fantasie, Spielerei. Er mag uns zwar beruhigen, doch er führt zu nichts.

Aristoteles, der griechische Philosoph der Antike, der als einer der ältesten Alchemisten betrachtet werden kann, konstatiert, dass alles auf der Welt danach strebt, ganz es selbst zu werden. Alles hat eine letztendliche Form, ein *eidos* (hierher stammt unser Wort Idol), und versucht mit aller Macht, diese Form zu erreichen. In der Alchemie ist dies die *ultima materia*, die letztendliche, letzte oder vollständige Form. Wenn es irgendwann eine höchste und letzte Form des Menschseins geben sollte, zum Beispiel, wenn wir alle erleuchtet sind oder so wie Jesus, Buddha oder Mohammed geworden sind oder welche anderen erleuchteten Geister auch immer, dann wird es wahrscheinlich mit dem Menschengeschlecht zu Ende gehen. Dann werden wir ein neues Geschlecht hervorgebracht haben, das eine neue Entwicklung in Gang setzen wird, auf einer höheren Ebene. Aber so weit sind wir noch lange nicht, also können wir die Idee der Perfektion einfach vergessen.

Doch *Entwicklung* ist eine andere Geschichte. Jegliche *prima materia,* jedes Ausgangsmaterial beginnt sich zu entwickeln, sobald es die Chance dazu bekommt. Und es erhält diese Chance, sobald es im Hier und Jetzt mit der geistigen Welt in Verbindung treten kann, denn dies ist die Welt des *eidos,* die Welt der letzten Form. Diese Verbindung inspiriert zur Verbesserung, zur Entwicklung.

Alles, was im Hier und Jetzt akzeptiert wird, kann durch den Geist, durch die göttliche Liebe inspiriert werden. Man könnte es auch so ausdrücken: Nur im Hier und Jetzt können wir mit unserem Schutzengel, unserem Führergeist oder unserem geistigen Führer in Kontakt treten. Solange wir mit unserer Aufmerksamkeit in der Vergangenheit oder der Zukunft verstrickt bleiben, kann dieser Engel uns nicht helfen. Nur wenn wir hier und jetzt die Verbindung zwischen Stoff und Geist in uns selbst zustande bringen, kann der Engel zu uns »durchdringen«. Und er zeigt uns die Richtung zu einem besseren Leben.

Darum lautet das erste Prinzip der Alchemie der Liebe, dass alles genauso ist, wie es sein muss: Sie, Ihr Partner bzw. Partnerin und auch Ihre Beziehung. Akzeptieren Sie die Situation, akzeptieren Sie, dass Sie eine gottgegebene Tatsache ist, die einen guten Grund hat, auch wenn Sie ihn nicht immer unmittelbar erkennen können. So, wie es ist, ist es im jetzigen Moment, und es ist so, wie es sein muss. Als ein Alchemist der Liebe sind Sie immer zufrieden mit Ihrem Ausgangsmaterial. Was nicht heißen will, dass dieses Material immer perfekt oder fertig ist. Es ist nur perfekt dafür geeignet, um damit an die Arbeit zu gehen.

3 Wer sich selbst erkennt, erkennt das All

Jede Frau hat einen Drachen in sich,
der von Zeit zu Zeit zum Vorschein kommt,
und jeder Mann eine Art Roboter.
Dies ist von der Schöpfung so eingerichtet.

Wir waren bei Freunden zu Besuch, und mein Partner erzählte von der Schwarzen Witwe, einer Spinne, die ihren Partner nach der Paarung auffrisst. Ich kannte die Geschichte bereits und bemerkte, dass er sie nicht ganz richtig erzählte. Bestimmte wichtige Details veränderte er oder ließ sie weg. Darum verbesserte ich ihn ein paar Mal, freundlich, aber entschieden. Bis schließlich einer der weiblichen Gäste die Bemerkung fallen ließ: »So wie du deinen Mann da korrigierst, ist das auch eine Art, jemanden aufzufressen!«

Ich hätte im Boden versinken können. Aber gleichzeitig verstand ich, was sie meinte und wusste, dass sie völlig recht hatte. Ich war im Begriff, meinem Partner emotional »aufzufressen«, indem ich ihn ständig korrigierte, indem ich ihn deutlich merken ließ, dass ich die Geschichte besser kannte als er. Es war, als ob ich sagte: »Du gehörst mir, also gehört auch deine Geschichte mir.« Mein Drache hatte wieder einmal zugeschlagen, und natürlich hatte eine andere Frau ihn sofort erkannt.

»Wer sich selbst erkennt, erkennt das All«, sagten die Alchemisten. So zufrieden wir auch mit unserem »Ausgangsmaterial« sein mögen, wir haben dennoch keinen Moment lang die Illusion, dass dieses Material perfekt sei. Lassen Sie Ihren Partner zunächst in Ruhe; beginnen Sie bei Ihren Versuchen bei sich selbst. Selbsterkenntnis ist das Einzige, was Sie in einer Beziehung brauchen. Sie brauchen sich überhaupt nicht mit dem Charakter Ihres Partners oder Ihrer Partnerin und mit ihren bzw. seinen Fehlern oder Entwicklungsmöglichkeiten zu beschäftigen. Sie brauchen nur auf sich selbst zu blicken.

Wahrscheinlich werden Sie dann erst einmal einen Schrecken bekommen.

Wenn nicht, so haben Sie vielleicht noch nicht genau hingeschaut. Oder Sie sind noch so jung, dass der Drache in Ihrem Innern noch nie zum Vorschein gekommen ist. Aber geben Sie sich keinen Illusionen hin: Früher oder später wird er es tun.

Betrachten Sie einmal andere Menschen; das ist weniger bedrohlich und einfacher. Haben Sie schon einmal eine Frau gesehen, die, wie ich im geschilderten Beispiel, sei es subtil oder unverblümt ihren Partner als ihren Besitz betrachtete oder die sich jedenfalls verzweifelt darum bemühte, ihn als ihren Besitz zu beanspruchen? Dann haben Sie den Drachen in Aktion gesehen.

Und haben Sie jemals einen Mann gesehen, der während einer Unterhaltung mit seiner Frau oder seiner Freundin einen verschwommenen Blick bekam, wahrscheinlich anlässlich einer kritischen Bemerkung, einer Frage, die ihn emotional berührte, eines Vorwurfs oder einer Anschuldigung? Der mechanisch »Ja, Schatz« murmelte und währenddessen mit seinem gesamten Innenleben bereits woanders war, meilenweit weg? Das war der Roboter.

Wir beginnen mit dem Drachen. Jede Frauenseele gleicht einer Höhle, in der sich ein Drache versteckt. Von Zeit zu Zeit kommt er zum Vorschein. Dieser Drache besitzt scharfe Augen, die alles sehen: jede Einzelheit, jeden kleinen Fehler, jede Unzulänglichkeit, kurz: vor allem die kleinen Fehler des Partners. Das altgriechische Wort *drakon*, aus dem sich unser Wort Drache herleitet, bedeutet buchstäblich: scharfsichtig. Der Drache achtet auf alles und kann dadurch ganz unvermittelt zuschlagen, schon beim geringsten Anlass. Wie gesagt, jede Frauenseele gleicht einer Höhle, in der sich dieser Drache versteckt. Wenn ihr Mann die Küche aufgeräumt hat, ergreift sie ein Tuch, um einen kleinen Flecken wegzuputzen, den er übersehen hat. Wenn ihr Partner sich in Schale geworfen hat, richtet sie noch kurz seinen Hemdkragen. Wenn er dem Baby die Flasche geben will, reißt sie sie ihm aus der Hand, um ihm zu zeigen, wie er sie richtig festhalten muss. Wenn er den Tisch gedeckt hat, legt sie rasch noch die Messer und Gabeln richtig hin.
Der Drache hat scharfe Klauen, mit denen er seinen Partner packt und nicht mehr loslässt. Greifen und Festhalten, das ist das Wesen der Drachenfrau. Bildlich gesprochen würde sie ihren Geliebten am liebsten ganz und gar auffressen, sie verschlingt die Menschen, die sie liebt. Sie betrachtet sie als eine Art geistiges oder emotionales Eigentum. Sie gehören ihr und fallen also in den Bereich ihrer Kontrolle, unter ihre Bevormundung. Manchmal sieht man in wunderbare Brautkleider gekleidete Drachen. Es gibt Frauen, die an ihrem

Hochzeitstag in triumphierendem Ton ausrufen: »Jetzt hab ich ihn!« Die meisten Bräute werden dies nicht laut aussprechen, doch sie strahlen diese Einstellung aus. Und der Bräutigam zieht das dazu passende Gesicht: ergeben, gutmütig – kurzum: gezähmt.
Der Drache in der Frau weiß, wie er vorzugehen hat, und wenn ihr Geliebter sich nicht dementsprechend verhält, kann der Aufenthalt in seiner Umgebung gefährlich werden.

Der Drache ist unersättlich in seinem Bedürfnis, zu greifen, festzuhalten, zu verschlingen. Nie gibt er sich zufrieden. Immer fehlt etwas, es gibt immer etwas, das er noch nicht besitzt oder das noch nicht völlig in Ordnung ist. Und das erkennt er mit seinen scharfen Drachenaugen.
Vor allem ist nie genügend Liebe vorhanden. Der Drache in der weiblichen Seele empfindet einen Mangel. Das weiß sie, denn sie fühlt es. Sie bekommt nicht genügend von allem Möglichen: nicht genügend Aufmerksamkeit, nicht genügend Zärtlichkeit, nicht genügend Wertschätzung oder Respekt. Er schmust nicht genügend mit ihr – oder aber er will zu viel schmusen. Er ist zu fordernd. Er lässt sie nicht in Ruhe, während sie doch gerade jetzt diese Ruhe so dringend braucht. Ihr Mann versteht das nicht, obwohl sie es ihm doch schon so oft erklärt hat. Offenbar hört er nicht zu. Er nimmt sie nicht wirklich ernst. Er zieht sich viel zu leicht aus der Affäre.
Lange Zeit kann der Drache dies ertragen, doch es kommt der Tag, an dem er explodiert.
Dann kann er Feuer spucken, und er tut es auch – im Allgemeinen nicht am Beginn einer Beziehung, sondern erst, nachdem sich der Partner so stark gebunden hat, dass er nicht sofort weglaufen wird. Wenn sich der Drache seiner

Beute sicher wähnt und der Berg des Unmuts die entsprechende Höhe erreicht hat, öffnet er sein Maul und lässt eine flammende Tirade los. Der betroffene Mann kann noch so tapfer sein und versuchen, Widerstand zu bieten, indem er, symbolisch gesprochen, den Kopf des Drachen mit vernünftigen Argumenten oder aber verärgerten Gegenargumenten abschlägt – es hilft alles nichts. Im Gegenteil, der Drache wird noch viel mehr Feuer speien: Es ist, als seien sofort zwei neue Köpfe nachgewachsen.

Es ist ein Drache, vor dem jeder Mann instinktiv die Flucht ergreift. Und gerade das ist es, was die Frau am wenigsten ertragen kann. Ein fliehender Mann, ein Mann, der vor der Konfrontation wegläuft oder sich innerlich hinter einem verhangenen Blick oder unbestimmt gemurmelten Antworten versteckt: Das macht sie wütend.

Woher kommt dieser Drache? Die Antwort lautet: Aus der weiblichen Libido, der sexuellen Triebkraft, die in uns allen verborgen ist. Die Höhle des Drachen ist die Gebärmutter, und der Drache ist die Urkraft der weiblichen Eizelle, die befruchtet werden will, die den Samen des Mannes ganz in sich verschwinden lassen will. Die tiefe Höhle der Gebärmutter ist wie eine Leere, die ständig ruft: Her mit dem Mann! Ich will ihn verschlingen!

Es ist diese Libido, die eine Frau in sexueller Hinsicht attraktiv macht. Doch gleichzeitig hat sie auch ihre dunkle Seite. Denn der Drachendrang durchzieht das Gefühlsleben der durchschnittlichen normalen, gesunden, erwachsenen Frau; er beeinflusst ihre Gefühle und damit auch ihre Gedanken. Er bewirkt, dass sie ihren »Gegenspieler« gefühlsmäßig in sich verschwinden lassen will, dass sie instinktiv ihre emotionalen Krallen in ihn schlägt und ihn mit ihrem scharfen

Drachenblick durchbohrt. Sie *fühlt*, dass sie recht hat, dass etwas fehlt, dass sie etwas von ihm braucht, dass er etwas hat oder kann, was eigentlich *sie* haben muss. Etwas, worauf sie ein Recht hat. Und dass es eigentlich seine Pflicht ist, ihr dies zu geben.

Woher ich dies weiß? Aus eigener Erfahrung und weil ich die Frauen um mich herum genau beobachtet habe. Aber auch aus den Drachenmythen der Menschheit.

Über die ganze Welt hinweg werden seit Menschengedenken Geschichten von Drachen erzählt. Wenn man deren Symbolik versteht, wird man bemerken, dass sie meistens von der Macht der weiblichen Sexualität, der weiblichen Libido, handeln, die den Männern Angst und Schrecken einjagt: Denn sie spüren, dass sie völlig in ihr verschwinden könnten. Der Drache als Symbol geht aus dem Bild der Schlange hervor – man denke nur an die Schlange in der Schöpfungsgeschichte der Genesis. Sie steht für ein langes, hohles Organ, von dem ein Mann völlig verschluckt wird: die *vagina dentata,* die »bezahnte Vagina« der Psychoanalyse. Ein Mann fühlt, dass eine sexuell anziehende Frau ihn völlig verschlingen kann. Darum wappnet er sich dagegen.

Betrachten wir einmal einen der ältesten Drachenmythen der Menschheit, den von Tiamat, der Drachengöttin des alten Babylonien. Die Geschichte wurde auf Tontafeln gefunden, die wahrscheinlich aus der Zeit um 1200 v. Chr. stammen.

> Tiamat bedeutet wahrscheinlich so etwas wie »die Tiefsee«, und Tiamat ist die Mutter allen Lebens. Eines Tages wird sie wütend auf ihre eigene Schöpfung, ihre eigenen Kinder, und so zieht Marduk, der schönste und stärkste männliche Gott, ins Feld, um

sie zu besiegen. Marduk und Tiamat treffen aufeinander, so berichtet die Geschichte; er fängt sie in einem Netz, und die beiden umklammern sich viele Stunden lang. Dann blickt er in ihre Mitte, so steht es wörtlich in dem Text mit einem Wort, das auch »Gebärmutter« bedeuten kann – und jagt einen Feuerpfeil mitten durch ihren Unterleib. Er zwingt einen Sturmwind dazu, durch ihr weit geöffnetes Maul in ihr Inneres zu fahren, sodass ihr Bauch anschwillt. Zuletzt teilt Marduk sie mit seinem Schwert mittendurch, und aus den beiden Hälften schafft er Himmel und Erde.

Die Beschreibung erinnert an eine halb naturgetreue, halb symbolische Darstellung einer ziemlich heftig ausgefallenen geschlechtlichen Vereinigung: Marduks feuriges männliches Geschlecht ragt empor und dringt tief in den weichen Unterleib Tiamats ein. Er schwängert sie, sie bekommt einen dicken Bauch. Die Geschichte ist der Ausdruck des ersten Impulses, des ältesten, allerprimitivsten Gedankens des Mannes, der mit der Furcht einjagenden Libido der Frau konfrontiert wird und ganz vulgär etwa so klingt: »Die muss dringend einmal richtig rangenommen werden. Mach ihr ein paar Kinder und sie wird schon kuschen!«
Vielleicht werden Sie sich wundern über die Vorstellung, dass Frauen auf sexuellem Gebiet unersättlich sein sollen. Dies ist heute zumeist tatsächlich nicht mehr der Fall. In der Antike war dies allerdings noch anders, und es war auch allgemein bekannt: Frauen wollten vor allem eines, und das war, befruchtet und schwanger zu werden. Die Fruchtbarkeitsreligionen der prähistorischen Zeit, die von

Priesterinnen geführt wurden, drehten sich ausschließlich um Sexualität, um Samen, Befruchtungen und das Gebären so vieler Kindern wie möglich. Diese wurden übrigens nicht selten wiederum dem Fruchtbarkeitsgott oder der Fruchtbarkeitsgöttin geopfert. Viele Kinder zu haben, bedeutete Macht und Reichtum. Die Göttin und später die Götter wurden durch Menschenopfer versöhnt, beruhigt und dazu verlockt, weiterhin Reichtum zu schenken.
Die großen monotheistischen Religionen haben überall auf der Welt die primitiven heidnischen Praktiken verdrängt, und eine der wichtigsten Methoden, die dabei angewandt wurden, war die Zähmung der weiblichen Lust. Viele bekannte Geschichten handeln davon, wie zum Beispiel die des heiligen Georg, der den Drachen besiegt und damit die Stadt Silene vor dem Untergang bewahrt.

Uccello, Der heilige Georg. National Gallery, London.

In Silene lebt ein Drache, der auf einer Wasserquelle liegt. Um zum Leben schenkenden, Fruchtbarkeit bringenden Wasser zu gelangen – dem Symbol der weiblichen Fruchtbarkeit –, müssen die Bewohner der Stadt jeden Tag zwei Schafe dorthin bringen. Nachdem es keine Schafe mehr gibt, kommen die Kinder und Jugendlichen an die Reihe. Das Los entscheidet, welches Kind geopfert wird, und als es eines Tages auf die Prinzessin fällt, zieht sie ihre Brautgewänder an und begibt sich in die Gewalt des Drachen. Georg kommt im richtigen Augenblick angaloppiert und fügt dem Drachen einen vernichtenden Schlag zu. Der kühne Ritter befiehlt daraufhin der Prinzessin, den Drachen an ihren seidenen Gürtel zu binden und zu zwingen, ihr zu folgen. So kehren sie in die Stadt zurück. In Silene gelobt Georg, den Drachen zu töten, wenn die Stadt sich zum Christentum bekehren will. Und so geschieht es.

Diese Szene wird häufig dargestellt, wie zum Beispiel von Paolo Uccello im 15. Jahrhundert. Da sehen wir eine blasse, ätherische Prinzessin und ein blutrünstiges Ungeheuer, miteinander durch ein seidenes Band verbunden. Sie bilden zusammen gewissermaßen ein Ganzes: die Frau, bereits einigermaßen von ihrer ungeläuterten, ungeheuerartigen Libido emanzipiert, bereit, von ihr befreit zu werden, doch immer noch mit einem seidenen Faden mit ihr verbunden. Als Georg den Drachen tötet, ist diese Libido gezähmt und die Frau in einen »ungefährlichen« Zustand versetzt. Damit gehört auch der heidnische Fruchtbarkeitskultus der Vergangenheit an, der auf der weiblichen Lust basierte, und die Stadt wird christianisiert.

Die Zähmung des Drachen ist ein kultureller und evolutionärer Prozess, der sich über viele Jahrhunderte erstreckte und sich als mehr oder weniger erfolgreich erwiesen hat. Damit will ich sagen: Wir erfahren heute, dass es vielmehr die Männer sind, die auf Sex aus sind, als die Frauen. Männer wollen Sex, so lautet das Klischee, und Frauen wollen Liebe. Doch der Drache der weiblichen Libido ist keineswegs verschwunden. Heute hat er es auf die Liebe abgesehen, mit derselben drachenhaften Kraft, mit der er früher auf den männlichen Samen aus war.

Somit können wir bei den Frauen und Mädchen der heutigen Zeit den Drachen in voller Aktion beobachten, immer auf der Suche nach Liebe und Verbindung. Es gibt Frauen, die ihre Partner, häufig auch ihre Kinder und andere Personen, die sie lieben, mit emotionalen Manipulationen terrorisieren. Es gibt Frauen, die ihre Partner in ein Netz aus Besorgtheit einspinnen, die ihnen ständig alles aus den Händen nehmen, fortwährend und endlos jeden mit ihrer Fürsorge überstülpen, bevormunden und gängeln und sich für alles verantwortlich fühlen. Es gibt Frauen, die reden, reden, reden, die nicht zuhören können, sondern jeden an die Wand reden. Je jünger die Frau und je stärker ihre Libido, desto rascher wird sie im Allgemeinen sprechen. Vor allem Frauen mit einem höheren Bildungs- und Ausbildungsniveau haben häufig einen solchen Drachen in ihrer Kehle: Sie begraben einen unter einer Sturzflut von Worten, sie reden einen förmlich platt.

Drachenhaft sind auch jene Frauen, die alles sehen, alles bemerken, alles notieren und niemals etwas vergessen, die

Besserwisserinnen, die ewigen Schulmeisterinnen. Kein Wunder, dass mehr Frauen als Männer unter Burnout-Syndrom leiden. Der Drache in ihnen, die weibliche Libido, die sich auf der emotionalen und mentalen Ebene manifestiert, treibt sie an. Es gibt sogar »spirituelle Drachen«: Frauen, die allen, mit denen sie Mitleid haben, Licht senden, die wirklich zu wissen glauben, wie die Welt eigentlich beschaffen sein müsste und wo Gott offenbar Fehler gemacht hat. Ich erkenne all diese Drachenneigungen durchaus in mir selbst. Der Drache, das wollen wir ausdrücklich festhalten, ist natürlich nicht etwas, das nur in Frauen verborgen ist. Es ist die archetypische weibliche Urkraft, doch auch der Mann hat einen weiblichen Teil in seiner Seele, in der jungschen Terminologie würde man hier von der *Anima* sprechen. Der Drache steht darum genauso gut für den dunklen, verschlingenden Teil des Weiblichen in jedem Mann. Dies ist eine ganz wichtige Tatsache, wenn wir verstehen wollen, worum es sich hier eigentlich handelt: um ein Kräftespiel, das sich letztendlich in jeder individuellen Seele abspielt, genauso wie es sich in der gesamten Evolution in einer viel umfassenderen Weise abspielt.

Nun aber zum Mann. Sie werden bereits bemerkt haben, dass der Drache, also die weibliche Libido, in ein fortwährendes Ur-Gefecht, einen endlosen Wettbewerb mit der männlichen Lust, der männlichen Libido, verstrickt ist.
In Männern manifestiert sich dieser Trieb in genau entgegengesetzter Weise wie bei den Frauen. Rein körperlich gesehen gibt es beim Mann eine aufgesparte und gedrängte Fülle in den Hodensäcken, eine Spannung, die der Mann als etwas erlebt, das sich mehr oder weniger außerhalb von ihm

befindet, doch nach Erlösung, Erguss drängt. Etwas in ihm ruft gewissermaßen ständig: Es muss raus! Diese Urkraft tendiert darum nicht zur Verbindung, sondern vielmehr zur Befreiung.

Ein Mann erlebt seinen sexuellen Trieb darum auch nicht primär in seinem Gefühlsleben, sondern vielmehr in seinem Denken, insbesondere in seiner Fantasie und in seinem Handeln. Sein Gefühl kapselt er häufig ab, so wie die Ritter ihren Herzbereich mit einem eisernen Harnisch panzerten. Und allmählich verwandelte sich der gepanzerte Ritter in einen Roboter. Tiefenpsychologisch lässt sich dies etwa folgendermaßen erklären: Für einen jungen Mann ist sein Geschlechtsorgan etwas, das sich mehr oder weniger unabhängig von ihm bewegt und mechanisch auf Reize reagiert. Erregende Reize führen zu einer Versteifung, enttäuschende oder demütigende Erfahrungen zur Erschlaffung, Kälte zur Schrumpfung. Es funktioniert wie ein Automat und entzieht sich seinem bewussten Willen.

Männer sind daher selbst ewig auf der Suche nach Mechanismen, denen sie ihren Willen aufzwingen können. Die Maschinen, die Männer entwerfen, kaufen, installieren und bedienen, erleben sie häufig als eine Art Verlängerung ihrer selbst. Letztendlich hat diese männliche Faszination für alles Mechanische und Maschinenhafte zu der Vorstellung der ultimativen Maschine geführt: des Menschen als Maschine, dem Cyborg oder Roboter: ein neuer Mensch, der eine Eigenschöpfung des Mannes ist, der er seinen Willen aufzwingen kann, indem er sie entsprechend programmiert.

Maschinen haben uns großen Wohlstand beschert, jedoch auch zu schrecklicher Ausbeutung, ja Vernichtung geführt – sowohl von Menschen als auch von Tieren und der Natur insgesamt. Dies können wir als eine Folge der zu starken, einseitigen Männlichkeit in unserer Kultur interpretieren; das Streben nach der Freiheit, genau das tun zu können, *was* man will, *wenn* man es will. Das große Manko an diesem Streben ist die Tatsache, dass ein ungenügendes Liebespotenzial dahinter steht, um diese Impulse in liebevolle Bahnen zu führen. Die großen Bedrohungen unserer Zeit, der Stress, der unsere innere Natur bedroht, und die Verschmutzung und Ausbeutung, die unsere äußere Natur bedrohen, sie hängen beide mit dem übermäßigen Einsatz von Maschinen zusammen. Wir wissen dies alle, sei es bewusst oder unbewusst, und es kommt in neuen Mythen zum Ausdruck.

Seit sich die männliche Sexualität stärker als die der Frauen geltend macht (wir sprechen hier über die letzten Jahrhunderte), sind die großen mythischen Drachentöter aus unserer Kultur verschwunden. In der kollektiven Fantasie haben sie Platz gemacht für einen anderen symbolischen Kampf: den mythischen Kampf des Menschen gegen den Roboter, die Maschine. Dies kommt zum Beispiel im Film zum Ausdruck, in Kassenschlagern wie *Terminator* und *Matrix,* aber auch in vielen Romanen, angefangen bei Mary Shelleys *Frankenstein* über *Die Frauen von Stepford* von Ira Levin und *Die böse Macht* von C. S. Lewis bis zu *Helle Tage* von Michael Cunningham. Manchmal verliert der Held den Kampf gegen die Maschine, manchmal gewinnt er ihn. Häufig muss der Held sich selbst opfern, um die Welt vor der Gefahr zu retten. In dem Roman *Helle Tage* verwandelt sich ein künstlicher Mensch, ein Roboter, allmählich in einen echten Menschen, der Liebesgefühle empfinden kann. Dies ist eines der hoffnungsträchtigsten Bilder, denen ich begegnet bin. Denn es bedeutet, dass diese Maschine von innen her vermenschlicht werden kann; dass auch ein Mann, in dem der Roboter übermächtig zu sein scheint, schmelzen kann und Gefühle zulassen kann. Und das macht den Weg frei für eine menschlichere Gesellschaft, in welcher Liebe nicht der Freiheit um jeden Preis untergeordnet wird.

Der Roboter ist von seiner Symbolik her demnach ein Nachfahr des gepanzerten Ritters, der Mann, der seine Ritterlichkeit nicht dazu benutzt, einer Dame seine Minne zu bezeugen, sondern in blindem Ansturm mit geschlossenem Visier auf den Feind zuzustürmen. Beide, der gepanzerte Ritter und der Roboter, sind Manifestationen der männlichen Libido. Jeder Mann hat im Prinzip einen solchen Roboter in sich, und wir können beobachten, wie er sich von Zeit zu Zeit in ihm erhebt.

Ein Roboter ist programmiert und reagiert automatisch, reflexartig, ohne Gefühl. Und so funktioniert die männliche Libido auf der allerelementarsten Ebene: Mehr oder weniger automatisch, reflexhaft wird ein Mann seinen Samen ausstoßen, wenn er sexuell gereizt wird. Es ist deswegen auch der Roboter in ihm, der geradezu zwanghaft, mechanisch Pornoseiten im Internet aufsucht und sich dabei selbst befriedigt, völlig mechanisch, mit heruntergefahrenem Gefühl, den Blick starr auf die unzähligen Varianten von Stellungen und *stands* gerichtet. Explodieren, loslassen, geschehen lassen – das ist das Wesen des Roboters.

Ein Roboter geht gnadenlos seinen Weg, wenn er einmal auf einen bestimmten Kurs programmiert ist, Widerstand empfindet er lediglich als Ansporn, um umso hartnäckiger weiterzumachen. In extremen Fällen ist das der gefühllose

Roboter, der fähig ist, Sex mit einem unwilligen Partner zu haben, einem Partner, der weint, sich widersetzt oder passiv und machtlos wartet, bis es vorbei ist. Dies ist der Roboter in seiner schlimmsten Erscheinungsform – und zum Glück ist sie relativ selten. Doch in stärkerem oder schwächerem Maße ist er in fast jedem Mann anwesend.

Die ausgestoßenen Samenzellen liefern sich auf dem Weg in die Gebärmutter ein Wettrennen miteinander; der Gewinner darf in die wartende Eizelle eindringen, der Rest stirbt ab. Auch dieses Wettrennen ist dem Roboter einprogrammiert. Die meisten Männer sind ständig, sei es bewusst oder unbewusst, in einen Wettkampf mit allem und jedem um sie herum verwickelt, ein Rennen zur Spitze. Wer die größten Leistungen erbringt, darf nämlich die meisten und schönsten Frauen befruchten. Dieses »Programm« steckt immer noch im modernen Mann. Nach der Befruchtung zieht er am liebsten wieder weiter, wie Lucky Luke am Ende jedes Abenteuers: als ein *poor lonesome cowboy, far away from home.* Die Vorstellung, den emotionalen Forderungen von Frauen nachzugehen, sich dem Drachen zu unterwerfen, der sich in ihm festkrallen will, ist für ihn ein Schreckbild. Das Bild eines Gefängnisses taucht vor seinen Augen auf. Hat er sich dennoch in feste Hände begeben, wird er von Zeit zu Zeit den Drang haben, der gegebenen Situation zu entfliehen. Er wird irgendetwas tun, wobei er seinen Blick in unendliche Fernen richten und seinen Verstand auf Null herunterfahren kann, wahrscheinlich hinter seinem Computer oder einer anderen Maschine. Oder er flüchtet sich ins Innere: Sein Blick wird verschwommen und er stellt sein System um auf den Autopiloten. Wenn Sie ihm ein Problem vorlegen, wird er sofort, quasi vollautomatisch, mit einem Plan oder einer

Lösung daherkommen. Gefällt die vorgeschlagene Lösung nicht, wird er automatisch auf eine neue Strategie umschalten. Was Sie dabei fühlen, spielt keine große Rolle.

Ein Roboter kann viele Schläge ertragen und sich selbst reparieren, jedoch immer innerhalb des Systems, nach dem er programmiert wurde. Wenn dieses System – seine Arbeit oder seine Beziehung – in die Brüche geht, ist er hoffnungslos verloren.

Der einstige Ritter begann damit, sich zu panzern, gerade weil er so verletzbar ist. Er kann gefühlsmäßig viel weniger aushalten als der Drache; er ist zum Roboter geworden, um all diesen lästigen Gefühlen aus dem Weg zu gehen. Darum ergreift er auch die Flucht, wenn der Drache ihn angreift. Er ist zumeist selbst nicht der Meinung, dass er flüchtet; er tut nur eine Zeit lang etwas anderes. Er geht zum Beispiel eine Schachtel mit ganz wichtigen Schrauben kaufen. Oder er geht ins Café. Er lenkt seine Aufmerksamkeit auf etwas Neues, weil er dies als nützlicher empfindet als das endlose Gerede über Gefühle.

Dies ist der Grund, warum Sie als Frau so häufig vergeblich auf eine emotionale Reaktion Ihres Partners warten können. Sie haben zum Beispiel ein Beziehungsproblem angesprochen und ausführlich dargestellt, wie Sie darüber denken und fühlen; Sie haben ihm verschiedene Möglichkeiten dargelegt, und nun erwarten Sie eine vernünftige Antwort. Wie denkt er darüber? Was fühlt er dabei? Wie soll es weitergehen mit Ihnen beiden? Ihr Mann bleibt lange Zeit still, blickt nachdenklich in die Ferne, mit dem bekannten verschleierten Blick. Endlich öffnet er den Mund. Er sagt dann zum Beispiel: »Dieser Toyota Prius … Ich fände es eigentlich ganz nett, mal eine Probefahrt damit zu machen.« Versuchen Sie in einer solchen Situation einmal, Ihren Drachen im Zaum zu halten!

Es ist ein archetypisches, klassisches Gefecht, und es spielt sich mit großer Regelmäßigkeit in den meisten Beziehungen ab. Vordergründig scheint es ein Kampf zwischen zwei Persönlichkeiten mit unterschiedlichen Interessen oder sehr unterschiedlichen Charakteren zu sein. Doch eigentlich handelt es sich um den Urkampf zwischen dem Drachen und dem gepanzerten Ritter bzw. dem Roboter.

Und darum ist es auch nicht Ihre Schuld. Sie können nichts daran ändern, dass Sie als Frau einen Drachen in Ihrer Seele tragen oder als Mann einen Roboter. So sind Sie eben geschaffen worden – und wir werden im nächsten Kapitel sehen, warum.

Wenn Sie sich einmal richtig klarmachen, dass dies alles nicht Ihre Schuld ist, kann das zu einer großen Erleichterung führen. Sie sind also nicht schlecht, nein, Sie sind völlig normal und gesund, ausgestattet mit einer normalen, gesunden Dosis libidinöser Energie. Und Ihr Partner ist dies ebenfalls. Wir Menschen sind einfach so beschaffen.

Dies heißt natürlich durchaus nicht, dass Sie als Frau nicht für Ihren eigenen Drachen und als Mann für Ihren Roboter verantwortlich wären. Es kann sich nicht darum handeln, diesen Ungeheuern ungezügelt ihren Lauf zu lassen. Sie können diese Urenergie der Libido stattdessen aber besser in den alchemistischen Prozess Ihrer Beziehung investieren. Dann werden mit ihr großartige Dinge geschehen: Sie bauen mit ihr gemeinsam an der Liebe, Sie verbessern Ihren Kontakt miteinander, Sie vertiefen Ihre Beziehung. Sie »machen Liebe«, im wortwörtlichen Sinne.

Doch zunächst wollen wir uns mit der Frage befassen: Warum eigentlich steckt in jeder Frau ein Drache und in jedem Mann ein Roboter? Worin besteht das Geheimnis dieses Kampfes? Worin liegt der Nutzen, seine Funktion, das Ziel? Oder, einfacher formuliert: Warum existiert eigentlich Sexualität?
Diese Frage lässt sich alchemistisch beantworten.

4 Kehre die Gegenteile um

Conversio oppositorum –
Mann und Frau erreichen
ihr jeweils eigenes Ideal nur,
indem sie das ihres Gegenparts
in sich aufnehmen.
Liebe und Freiheit bedingen einander.

Wieso gibt es zwei Geschlechter mit den jeweils dazugehörenden körperlichen, emotionalen und mentalen Unterschieden sowie allen Reibungen und Zusammenstößen, die deren Resultat sind?
An Wasserflöhen kann man sehen, dass Sex, biologisch gesprochen, eine gute Sache ist. Es gibt eine bestimmte Art von Wasserflöhen, den *Daphnia pulex,* der sich auf zweierlei Art fortpflanzt: einerseits geschlechtlich und andererseits, indem er sich selbst gewissermaßen klont. Geklonte Nachkommen haben sehr viele ungünstige Mutationen, wie die Forschung gezeigt hat; jedenfalls viel mehr als jene Nachkommen, die durch sexuelle Fortpflanzung entstanden sind. Die sexuelle Fortpflanzung ist also gesünder. Sie kombiniert immer wieder neu unterschiedliche DNS-Pakete, und dadurch verschwinden die schädlichen Abweichungen eher.
Evolutionsbiologen finden, dies sei eine ausreichende Erklärung. Ich nicht. Sie ist mir zu statisch, zu wenig zielbestimmt. Es ist noch mehr im Spiel, gerade in evolutionärer Hinsicht. Wir wollen nicht nur überleben und uns fortpflanzen; wir wollen auch ein interessantes, kreatives Leben führen. Wir

wollen die Welt ein wenig anders, ein wenig besser hinterlassen, als wir sie antrafen. Die dritte Motivation, das Streben nach immer höherer Entwicklung, ist meiner Auffassung nach der gesamten Schöpfung eingeprägt. Aristoteles sagte es bereits: Alles, was existiert, strebt danach, sich selbst zu entwickeln, bis es seine höchste Form erreicht hat. Die *prima materia*, das Ausgangsmaterial, will zur *ultima materia* werden, und sie setzt alles daran, dies möglich zu machen. Alles und jeder ist stets und ständig in einen evolutionären Prozess eingebunden, der in die Richtung der höchsten erreichbaren Form tendiert.

Bei Männern und Frauen kann man ein wenig sehen, was diese höchste Form ist, die sie erreichen können, wenn wir einmal analysieren, in welche Richtung das menschliche Streben tendiert, und dann in dieser Richtung weiterdenken. Der männliche Samen, die angespannte Fülle, sucht Erlösung, Befreiung, wie wir sahen. Alles, was zu extrem wird, wandelt sich in sein Gegenteil, und extreme, einseitige Männlichkeit führt zu Gefangenschaft. Doch das ursprüngliche Streben ist gerade das nach Befreiung: Ritter kämpfen, um ihr Land zu befreien, im Berufsleben verspricht das Wettrennen an die höchste Spitze die letzte und höchste Freiheit, gepaart mit unbegrenztem Reichtum.
Männer erkennen sich gut wieder in der These, dass das Männliche seinem tiefsten Wesen nach seine Erfüllung im Streben nach Freiheit findet. Auf der Alltagsebene sehen wir eine Widerspiegelung dessen in dem einzigen Unterschied zwischen Männern und Frauen, der wirklich hieb- und stichfest wissenschaftlich nachgewiesen ist und durch alle psychologischen Untersuchungen immer wieder bestätigt

wird: Männer sind viel risikobereiter als Frauen. Dies ist eine direkte Folge dieses Freiheitsdrangs. Männer haben die angeborene Neigung, ihre Grenzen auszutesten und sie zu überschreiten. Sie wollen ausbrechen, sich losmachen, sich selbst ausgießen auf ein neues Gebiet, ein unbekanntes Terrain.

Das weibliche Element dagegen strebt nach Bindung und Verbindung, rein aus physiologischen Gründen. Körperlich erfährt die Frau eine gewisse Unvollständigkeit, einen Mangel, und sie spürt instinktiv, dass ein anderer Mensch diesen Mangel ausgleichen kann, ja muss. Letztendlich ist das, wenn man die Linie auf ein geistiges Endziel hin weiterzieht, das *Streben nach Liebe.*

Erkennen Frauen sich in diesem Bild? Viele ja, doch ich bin auch zahlreichen Frauen begegnet, die dem mit Bestimmtheit widersprechen. »Was für ein Unsinn, in meinem Leben spielt Liebe überhaupt nicht eine solche Rolle ...«

Unabhängige, emanzipierte Frauen identifizieren sich nicht mehr so gerne mit dem archetypisch Weiblichen. Sie haben in großem Stil damit angefangen, sich zu vermännlichen, und sind der Meinung, dass Freiheit einen höheren Wert als Liebe hat. Die Freiheit scheint heutzutage ohnehin höher in der Rangskala unserer Ideale zu stehen als die Liebe. Dies kommt durch die einseitige männliche Orientierung unserer Zeit.

Der Roboter, der sein Gefühl panzert, um freie Bahn für seinen persönlichen Freiheitsdrang zu schaffen, landet früher oder später (meistens ist es früher) gerade in der Unfreiheit, in der Sklaverei. In seinem Wettrennen zur Spitze kann er zum Beispiel leicht zu einem Lohnsklaven werden oder sich in den Machtspielchen und den dazugehörenden Gewohnheiten der Oberaffen auf dem Affenfelsen verfangen. Der Roboter kann auch in die Fallstricke anderer Süchte geraten: Alkohol, Drogen, Spielsucht, Sexsucht. Dann ist keine Freiheit mehr im Spiel. Eine Welt, die von Maschinen regiert wird, ist eine Welt in Gefangenschaft.

Auch der Drache, wenn er Drache bleibt, erreicht niemals sein Endziel. In seiner unendlichen Sehnsucht nach Einswerdung mit dem Objekt seiner Begierde ist er darauf fixiert, dieses Objekt zu verschlingen. Und dann existiert es nicht mehr. Eine Frau, in der der Drache ungezähmt aktiv ist, nimmt ihren Geliebten in Beschlag, sie vereinnahmt ihn, annektiert und besitzt ihn und macht dadurch aus ihm ein Objekt. Drachenliebe entmenschlicht. Sie ist keine Liebe, sondern das Gegenteil von Liebe.

Freiheit und Liebe gehören offenbar untrennbar zusammen; die eine kann nicht ohne die andere existieren. Denn Freiheit ohne Liebe ist keine echte Freiheit, sondern ein plumper Egotrip. Und Liebe ohne Freiheit ist keine echte Liebe, sondern Affenliebe, die den Geliebten zu Tode erdrückt. Genau wie Freiheit ohne Liebe unmenschlich ist, so ist auch Liebe ohne Freiheit nicht lebbar. Echte Liebe ist ohne Freiheit nicht denkbar. *»To love is to let go«*, sagte mein weiser Lehrer Barry Long einmal – jemanden wirklich lieben bedeutet, dass man ihn frei lässt.

Die alchemistische Erkenntnis lautet: Das Erreichen des höchsten Endziels, die Entwicklung sowohl von Freiheit als auch von Liebe ist nur möglich durch eine Umkehrung der Gegensätze, eine *conversio oppositorum*, um den alchemistischen Terminus zu benutzen. Das männliche Element transformiert sich mithilfe des weiblichen, das weibliche

geht einen Umwandlungsprozess ein in der Verbindung mit dem männlichen Element.
Das weibliche Element sucht, getrieben durch die Biologie der weiblichen Geschlechtsorgane, nach Verbindung. Das männliche Element sucht, nicht weniger angestachelt von seinem biologischen Auftrag, nach Erlösung. Verbindung und Befreiung scheinen einander diametral entgegengesetzt zu sein, und so stehen auch Mann und Frau einander häufig als Antipoden gegenüber.
Somit sind Konflikte dem Menschen gewissermaßen einprogrammiert. In Beziehungen lässt sich dies deutlich beobachten. Wenn der eine Partner nach Verbindung strebt und der andere nach Befreiung, so wird es garantiert zu Kollisionen kommen. Es gibt Konfrontationen, Streit, Reibungen. Die Funken fliegen.
Im Alltagsleben gibt es unendlich viele Beispiele für diesen Vorgang. Der eine möchte gemütlich mit dem Partner oder der Partnerin auf einem Bänkchen sitzen, der andere möchte lieber etwas unternehmen. Meistens geht es ihr mehr um Beziehungen, ihm dagegen mehr um Leistung. Sie findet die Harmonie in der Familie das Wichtigste, er die Summe unter dem Strich, seine Betriebsergebnisse, weil er denkt, er könne mit ihnen seine Freiheit erkaufen. Sie möchte über die Beziehung sprechen, er dagegen will in Ruhe gelassen werden, um »wichtige« Dinge zu tun: am PC sitzen, fernsehen, die Buchhaltung auf Vordermann bringen und so weiter.
Nochmals, der Deutlichkeit halber: All das sind schematisierte Bilder. In Wirklichkeit sind wenige oder gar keine Frauen zu hundert Prozent ›weiblich‹ und wenige bis gar keine Männer ausschließlich ›männlich‹. Sowohl Männlichkeit als Weiblichkeit sind in beiden Geschlechtern als

Komponenten enthalten. Jedes Baby kommt mit zwei elementaren Impulsen zur Welt: einerseits mit dem Drang, sich an die Menschen seiner Umgebung zu binden, sich in deren liebevoller Umarmung sicher zu fühlen – andererseits mit dem Drang, selbstständig zu werden, alles allein zu tun, sich vom vertrauten Nest zu lösen und in die weite Welt zu ziehen. Dies führt häufig zu inneren Konflikten. Und auch im zwischenmenschlichen Bereich prallen diese einander entgegengesetzten Impulse häufig in allen möglichen Formen und zahllosen Varianten aufeinander. Gerade dieser Zusammenprall, diese antipodische Natur der männlichen und weiblichen Qualitäten, sorgt im Menschen und in der menschlichen Kultur für Entwicklung. In dem Funkenregen, der dabei entsteht, auf dem Weg durch alle Konflikte und Zusammenstöße, lernen beide Parteien ihren jeweiligen Gegenpol besser kennen und sich damit zu verbinden. Und langsam aber sicher nehmen sie auf diese Weise die jeweiligen Qualitäten des Gegenpols in sich auf.

Auf der höchsten Entwicklungsebene fallen Freiheit und Liebe zusammen: Liebe ist hier Freiheit von Eigeninteresse und Eigennutz. Liebe und Freiheit erweisen sich also – blickt man auf die Spitze der Pyramide der menschlichen Entwicklungsmöglichkeiten – als zwei Seiten derselben Medaille. Lediglich an der Grundfläche der Pyramide stehen Mann und Frau einander frontal gegenüber. Doch je weiter sie sich entwickeln, desto stärker nähern sie sich einander an. Ein wesentlicher ›Brennstoff‹ bei dieser Entwicklung ist der Sexualtrieb.

Frauenemanzipation bedeutet in der gängigen Sichtweise, dass man als Frau lernt, genau wie die Männer in der Gesellschaft Leistungen zu erbringen und sich selbst wirtschaftlich unabhängig zu machen. Männeremanzipation bedeutet, dass man als Mann nicht länger auf all die schlichten und unbedeutenden Arbeiten herabblickt, die das Familienleben eben so mit sich bringt, sondern dass man bereit ist zu kochen, zu putzen und für die Kinder zu sorgen. Diese Emanzipation ist eine Stolperstrecke mit vielen Rückschlägen. Dennoch kann man nicht sagen, dass Menschen in modernen Beziehungen weniger Beziehungskonflikte hätten ... Im Gegenteil, sie haben eher mehr. Eine von drei Ehen endet mit einer Scheidung, bei zusammenwohnenden Paaren ist die Quote des Scheiterns noch höher. Einfache, oberflächlich aufgefasste Emanzipation genügt also nicht.

Auf einer tieferen Ebene bedeutet Frauenemanzipation, dass wir den Drachen in unserer Seele entdecken und ihn allmählich, Schritt für Schritt, unschädlich machen, sodass wir loslassen und entspannen können und unsere Partner in Freiheit so sein lassen können, wie sie sind.

Männeremanzipation bedeutet auf dieser tieferen Ebene, dass man sich als Mann des Roboters in der eigenen Seele bewusst wird, dass man lernt, die männliche Energie zu beherrschen und im Dienste der Liebe einzusetzen.

In seinem Buch *Der Weg des wahren Mannes* gibt der amerikanische Autor David Deida einige Ratschläge, die man durchaus als alchemistisch bezeichnen könnte. Er beschreibt drei Phasen in der Emanzipation. Die erste Phase war die der altmodischen Rollenverteilung; Männer waren Machos und Frauen waren abhängig und manipulativ. Die zweite Phase war die, in der Männer und Frauen sich emanzipierten und sich dadurch immer ähnlicher wurden. Männer entwickelten ihre weibliche Seite und lernten, wie *mann* Windeln wechselt; Frauen entwickelten ihre männliche Seite und lernten Geld zu verdienen. Die »Fifty-fifty-Phase« nennt Deida das. Dies war und ist noch immer eine gute Sache; wir werden dadurch umfassendere, vollständigere Menschen und sind weniger abhängig voneinander. Doch ein Nebeneffekt dieser Gleichheit besteht darin, dass die Leidenschaft zwischen Mann und Frau abkühlt, erlischt. Es entsteht eine Art »sexueller Neutralität«. Viele Männer klagen darüber, dass ihre Frauen zu Mannweibern geworden sind, und viele Frauen finden, dass die heutigen Männer nur noch Softies sind. Deida stellt die These auf, dass ungefähr neunzig Prozent der Menschen ganz eindeutig männlich oder weiblich geprägt sind. Nur zehn Prozent sind geschlechtsneutral. Auch Homosexuelle oder Lesben sind durchgehend überwiegend männlich oder weiblich.

Deida stellt die These auf, dass die ›Mission‹ oder die Suche nach Freiheit die Priorität des Männlichen ist, während die Suche nach Liebe die Priorität des Weiblichen ist. Und in intimen Beziehungen geht es darum, diese Priorität zu erkennen und zu erfahren: Dann reaktivieren wir die sexuelle Polarität aufs Neue, und die Leidenschaft kann wieder strömen. Damit treten wir in die dritte Phase ein.

Für Frauen, so Deida, ist es wichtig, sich regelmäßig (er spricht über minimal eine Stunde am Tag) völlig von allem loszumachen und das zu zelebrieren: tanzen, singen, lachen und Spaß haben, mit einem völlig entspannten Körper und Geist. Es ist ein guter Rat – kein Drache hält das aus, so viel unstrukturierten, frivolen, leichtsinnigen Spaß …

Den Männern rät Deida natürlich zum entgegengesetzten Heilmittel: Sie sollen Zeiten der Einkehr einlegen und sich neuen Herausforderungen stellen. Einkehr bedeutet: keiner-

lei Ablenkungen, kein Fernsehen, keine Süßigkeiten, kein Sex, keine Zeitschriften, keine Überstunden; nichts, was den fundamentalen Unfrieden maskiert oder wegmassiert, sodass man gezwungen ist, sich mit ihm zu konfrontieren. Unsere echte Männlichkeit, sagt Deida, unser spiritueller Kern, wird dadurch aufblühen. Und der Roboter in uns, würde ich hinzufügen, wird dadurch quietschend und knirschend zum Stillstand gebracht. *»Contain the energy and it turns into power«*, sagt Berry Long: Behalte die Energie in dir, und sie wird zu einer stillen Kraft werden.
Kurz zusammengefasst sagt Deida den Frauen also Folgendes: Lassen Sie los, entspannen Sie sich; und den Männern: Ergreifen Sie sich, beherrschen Sie sich. Das ist die *conversio oppositorum* auf der elementarsten und tiefsten Ebene, eine Transformation der männlichen und weiblichen Energien, indem man die des jeweils anderen in den eigenen Kern aufnimmt.

In einer alchemistischen Beziehung verwandeln wir uns durch den intimen Kontakt mit dem Partner. Die Unterschiede, die die Quelle vieler Beziehungskonflikte darstellen, werden zu einer Quelle der Inspiration und der Entwicklung. Wir können dabei ganz praktisch und konkret ans Werk gehen. Aus den geschilderten Tatsachen lässt sich beispielsweise ableiten, wie wir sachgemäß reagieren können, wenn unser Partner schlechte Laune hat und unsere Geduld sehr auf die Probe stellt.
Auch Deida weist darauf hin, dass die Kraft der Männer vor allem in ihrem Körper und in ihrem Denken, ihrem Humor wurzelt. Wenn der Drache los ist, und Ihre Frau wird nörgelig, gereizt, vorwurfsvoll oder depressiv – kurzum: Wenn

sie emotional zum Angriff übergeht – was tun Sie dann als Mann? Die beste Strategie lautet: schmeicheln, balgen, necken, Scherze machen und schmusen. All das gehört zusammen; nicht nur das Necken und Balgen und nicht nur Schmeicheln und Schmusen, sondern alles zusammen, und vor allem: mit Humor. Spielen Sie ein leichtfüßiges Spiel, ein Spiel der Verführung, der Anziehung und Abwehr, als wären Sie ein vollendeter Don Juan und Ihre Partnerin eine neue Eroberung. Dagegen kommt keine Frauenlaune an.

Ist Ihr männlicher Partner schlechter Laune, so wird es in den meisten Fällen das Beste sein, ihn loszulassen, ihn seiner Wege gehen zu lassen, ihn zu negieren, sich innerlich und äußerlich von ihm zurückzuziehen. Je mehr Sie sich von ihm zurückziehen, desto eher wird er wieder zu sich kommen.

Dies ist eine Art Erste-Hilfe-Regel bei Beziehungsunfällen. Sie können auch bewusst daran arbeiten, strukturell aufeinander zu statt auseinander zu wachsen. Davon wird im nächsten Kapitel die Rede sein.

5 Wie innen, so außen

Ihre Beziehung ist ein Spiegel für Sie:
Was Sie in Ihrem Partner sehen,
sagt meistens etwas über Sie selbst aus.

Bevor Sie weiterlesen, sollten Sie einen Moment innehalten, dieses Buch zur Seite legen und ein kleines Experiment durchführen. Nehmen Sie ein Stück Papier und einen Stift. Schreiben Sie darauf den Namen Ihres Partners. Wenn Sie keinen Partner haben, können Sie den Namen eines Ex-Partners nehmen, mit dem Sie sich emotional noch verbunden fühlen. Wenn Sie auch keinen Ex-Partner haben, können Sie eine andere wichtige Person nehmen, die in Ihrem Leben eine Rolle spielt, jemand, den Sie bewundern oder den Sie auf den Tod nicht ausstehen können.
Hinter den Namen dieser Person setzen Sie einen Doppelpunkt.
XXX *(Name)* ist: …
Notieren Sie die fünf besten Eigenschaften dieser Person, die Gründe, warum Sie sie oder ihn bewundern, nett finden, warum Sie gerne in seiner oder ihrer Nähe sind. Werden Sie konkret; schreiben Sie nicht nur ›lieb und nett‹, sondern auch Qualitäten wie ›geistreich‹, ›künstlerisch‹, ›originell‹, ›zuverlässig‹ und so weiter. Darunter schreiben Sie die fünf unangenehmsten Eigenschaften. Also diejenigen, über die Sie sich gelegentlich (oder häufig) ärgern, die Sie lieber nie kennengelernt hätten, dasjenige, worüber Sie manchmal oder auch häufiger streiten.

Also bitte: Nicht weiterlesen, erst den Test machen. Denn je unbefangener Sie die Übung machen, umso besser. Sie spüren natürlich schon, in welche Richtung das Ganze geht ... Aber jetzt können Sie die Übung noch unbefangen durchführen.
Fertig?
Dann ziehen Sie jetzt einen Strich durch den Namen der Person und setzen Sie Ihren eigenen Namen darüber.
»Wie innen, so außen«, sagten die Alchemisten: Es gibt immer eine Übereinstimmung zwischen dem, was wir in uns tragen, und dem, was wir in unserer Umgebung wahrnehmen. Einfacher ausgedrückt: Was wir über andere sagen, sind wir selbst. Dies gilt sowohl für die guten Eigenschaften als auch für die weniger angenehmen.

Mein Partner und ich führten zusammen die genannte Übung durch. Er las zunächst vor, was er geschrieben hatte: »Ich finde, dass du alles mit großer Hingabe tust. Du hast immer solche wunderbaren Geschichten und Theorien. Deine Fähigkeit zur Selbstreflexion finde ich beeindruckend. Du strebst ehrlich nach Erkenntnis. Und du hast Gefühl für Humor.«
»Und meine schlechtesten Eigenschaften? Worüber ärgerst du dich?«
»Deine Kritiksucht. Die Tatsache, dass ich mich manchmal wie eine Art Tapete empfinde, weil du so ganz und gar auf dich selbst konzentriert bist. Du kannst manchmal auch ganz schön penetrant und aufdringlich sein. Also, ich finde, das reicht.«
»Nein, nein«, rief ich, »los, noch zwei, los, du kannst es ruhig sagen.«
»Siehst du, da fängst du schon wieder an. Diesen ständigen Wettbewerb mit mir, den finde ich übrigens auch ziemlich

irritierend. Und außerdem bist du manchmal ... ja, wie soll ich es sagen ... etwas zu forsch.«
»Aggressiv?«, fragte ich hilfsbereit.
»Ja, so könnte man es ausdrücken.«
Danach war ich an der Reihe, vorzulesen, was ich über ihn aufgeschrieben hatte. »Charmant und warmherzig. Geschickt in der Kommunikation und diplomatisch. Gut aussehend, chic. Idealistisch«. Und auf der Minus-Seite: »Spielt sich manchmal übertrieben auf, fährt zu schnell, fährt oft noch bei Gelb weiter, obwohl er anhalten könnte. Ist sehr schlampig, vor allem auf finanziellem und verwaltungstechnischem Gebiet. Ist häufig mit den Gedanken woanders, tut dann, als ob er zuhört, aber das tut er gar nicht. Ist mindestens so auf Wettbewerb aus wie ich. Und ist nicht immer ganz ehrlich. Erzählt manchmal Lügen um des lieben Friedens willen. Jedenfalls meiner Meinung nach.«
Jetzt begann das große Spiegelungsgeschehen. Wir kehrten die Seiten um. Manche Eigenschaften erkannten wir sofort. Wir waren also ein idealistisches und hingebungsvolles Paar und außerdem immer noch in einer Art Wettbewerb miteinander begriffen. Das stimmte. Schlampig in Papierangelegenheiten, ja, leider beide. Wie häufig konnte ich alle möglichen Papiere, vor allem finanzielle Dokumente, nicht mehr finden. Andere Züge dagegen waren weniger deutlich. Spielte ich mich tatsächlich manchmal übermäßig auf? Aber doch sicher nicht dann, wenn wir zusammen im Auto saßen und er fuhr.
Auf emotionalem Gebiet lag die Sache vielleicht schon anders ... Eigentlich konnte es sein, dass es dort tatsächlich stimmte. Ich gab mich in Liebesdingen nicht gern schutzlos. Wenn ich liebkost werden wollte, schaffte ich es nicht, da-

rum zu bitten; eher begann ich dann zu bocken und mich zu beschweren. »Du schenkst mir nicht genügend Aufmerksamkeit!«, sagte ich dann beispielsweise. Dies war natürlich wiederum eine Form, mich aufzuspielen.
Und stimmte es, dass mein Partner sehr auf sich bezogen war? Ich sah dies sehr gut. Sein Interesse für mich war manchmal mehr Höflichkeit als echte Aufmerksamkeit. Dann war er einfach völlig von sich, seinen Ideen und Plänen erfüllt. Er musste allerdings ein paar Mal schlucken, doch schließlich konnte er die Sache einsehen.
Dann gab es noch jene Punkte, bei denen die Sache nicht wirklich aufzugehen schien. War ich so diplomatisch und geschickt, dass ich mich manchmal sogar ein wenig unehrlich verhielt? Ich fand mich doch gerade so ehrlich ... War mein Mann autoritär, penetrant und aggressiv? Er kam doch immer so mitfühlend und freundlich rüber ...
Aber war das wirklich die ganze Wahrheit?

Was wir bei dieser Spiegelübung nicht einordnen können, was wir nicht glauben wollen oder können, ist das Wesentlichste. Denn da wird die Sache erst richtig interessant.
Wenn ich wirklich aufrichtig war, bemerkte ich, dass ich tatsächlich immer wieder einmal unehrlich war. Es waren Situationen, in denen ich gerne nett zu jemandem sein oder zumindest nett erscheinen wollte. Dann tat ich so, als ob ich ihn oder sie bewunderte, während ich unterdessen allerlei negative Urteile fällte, die ich dann nicht selten hinter dem Rücken der betreffenden Person anderen kundtat. Kurzum, ich konnte nicht leugnen, dass ich nicht frei war von einer gewissen Scheinheiligkeit. Doch gerade das fand ich einen sehr schlechten Zug an mir. Ich hasste diese Seite in mir

eigentlich, also wurde ich meinerseits häufig aggressiv und grob. Damit übertönte ich eigentlich meine Neigung, anderen zu gefallen. Diese projizierte ich daraufhin auf meinen Mann. Das, was ich selbst nicht sein durfte, ärgerte mich an meinem Partner.
So konnten wir schließlich auch erkennen, dass mein Partner eigentlich, in seinem tiefsten Herzen, einen autoritären und penetranten Zug besaß, den er hinter einem charmanten und diplomatischen Auftreten verbarg. Seine angeborene Cholerik versteckte er hinter einer Schicht scheinbarer Unbeteiligtheit. Wie gern hätte er ab und zu aggressiv ausgerufen: »Mensch, halt die Klappe!«, doch dies verurteilte er streng und verbot es sich. Darum bekam er in solchen Moment lieber einen in weite Fernen gerichteten Blick und nickte freundlich dazu.
Und gerade weil er sich selbst nicht erlaubte, penetrant zu sein, verurteilte er diese Eigenschaft besonders stark bei mir. Denn es ist fast unerträglich, zu sehen, wie ein anderer Mensch unbekümmert und ungestraft das tut, was man selbst gerne täte, sich jedoch nicht zugesteht.

Der Spiegel unserer Beziehung ist ein Zauberspiegel. In ihm sehen wir nicht nur das, was an der Oberfläche liegt, sondern auch das, was in den Tiefen verborgen ist, was wir zu verdecken versuchen oder ganz weit weggeschoben haben. Wir alle haben einen ›Schatten‹, der aus solchen verdrängten und weggeschobenen Eigenschaften und Neigungen besteht. Und diese projizieren wir auf andere Menschen – am liebsten und meistens durchaus zwanghaft auf unsere eigenen Partner.
Die sorgende junge Mutter zum Beispiel sieht dann in ih-

rem Partner vor allem einen egoistischen und leichtsinnigen Leichtfuß. Ihre eigene Verspieltheit, ihren Freiheitshang, ihre Neigung zu Glitzer und Glanz dagegen hat sie gut verpackt und im Gefrierschrank ihrer Seele verstaut: keine Zeit dafür, denn die Pflicht ruft. Sie übt scharfe Kritik an ihm: Warum ist er nicht ernsthafter, engagierter, warum übernimmt er keine Verantwortung, warum kommt er so spät nach Hause, warum wischt er denn niemals den Küchenboden?
Der entspannte Sucher nach dem Geistigen sieht in seiner Freundin dagegen eine materialistische Karrieretigerin. Warum kommt ihre Arbeit immer an erster Stelle, warum gelingt es nie, gemeinsam lange Spaziergänge zu unternehmen, warum hat sie niemals genügend Zeit für tiefgründige Gespräche am Kamin, für Kloster-Retreats, für ihn? Warum dreht sich bei ihr alles ständig um Erfolg, Beförderung, das Erreichen von Zielen? So könnte man zahllose weitere Beispiele anführen. Die sparsame Haushälterin findet, dass ihr Freund ein großes Loch in seinem Portemonnaie hat. Warum kann er sich nicht beherrschen? Das besessene Arbeitstier nennt seine Partnerin faul. Warum geht sie die Dinge nicht energischer an?

Ja, warum? Weil in Beziehungen häufig ein Automatismus einsetzt: Wenn der eine Partner eine bestimmte Rolle übernimmt, ist diese gewissermaßen besetzt und der andere kann sie nicht mehr spielen. Man sieht das deutlich, wenn man zusammen mit einem anderen Menschen auf eine Reise geht. Ist Ihr Reisepartner bei der Abreise nervös, hat er Angst, zu spät am Bahnhof zu sein, ist er gereizt wegen allerlei kleiner Details, dann werden Sie wahrscheinlich ru-

hig und beherrscht bleiben. Sie übernehmen nämlich quasi automatisch die Rolle, die übrig geblieben ist: die der entgegengesetzten Partei.
Man kann dann meinen, Sie wären von Natur aus ruhig und gelassen und würden bei Reisen niemals nervös. Ja, Sie können Ihren Reisepartner sogar kritisieren: »Mach dir doch nicht einen solchen Stress! Entspann dich!« Aber gehen Sie einmal auf die Reise mit jemandem, der noch viel unbesorgter ist als Sie, und Sie werden paradoxerweise sehr rasch bemerken, dass Sie doch beginnen, sich ein wenig Sorgen zu machen: Ist diese Person wirklich gewissenhaft genug, hat er oder sie wirklich alle Buchungen vorgenommen, an die Tickets gedacht, stimmt die Abfahrtszeit? Sind alle Zeltutensilien wirklich eingepackt?
Jede Beziehung ist ein System, und in diesem System müssen bestimmte Rollen gespielt werden. Das System sucht immer nach einem inneren Ausgleich. Ohne diesen Ausgleich, dieses Gleichgewicht, würde es nämlich zerbrechen. Wenn sich der eine als betont ernsthaft und verantwortungsbewusst, hart arbeitend, extrem engagiert und pflichtbewusst darstellt, so ist es sehr schwierig für den anderen, genauso ernsthaft und besorgt zu handeln. Er oder sie wird mehr oder weniger von selbst auf die andere Seite geschoben, hin zum leichtsinnigen und spielerischen Pol. Denn dort besteht gewissermaßen ein Vakuum, dort geschieht nichts, dort wartet eine Rolle auf jemanden, der sie spielt. Ein Vakuum ruft immer nach Erfüllung. Dass die Rolle des »Verantwortungsträgers« bereits vergeben ist, drängt einen noch stärker in die Richtung dieses Pols. Denn zwei Verantwortung tragende Spieler schaffen ein einseitiges Übergewicht auf der anderen Seite des Spiels. Genauso wie die Gegenwart zweier ausgeprägter

Leichtfüße die Beziehung bedroht; sie wird zu einer Seifenblase, die zunächst glitzert und schließlich zerplatzt.
Häufig sind diese unterschiedlichen Rollen gerade jene Eigenschaften, die die Partner am Anfang besonders zueinander hinziehen, eben weil sie einen Mangel an dem Pol erleben, den der Partner repräsentiert. Herrlich, so ein schwungvoller, eleganter Partner, der das Leben zu genießen weiß; genau das fehlte in meinem Leben. Wunderbar, so jemand, der mit allem herausplatzt; wo ich selbst doch so still und introvertiert bin. Wie sicher und warm diese ernsthafte und ›erwachsene‹ Lebenshaltung ist; ein wenig Stabilität tut mir ganz gut. Wie klug, diese liebenswürdige und diplomatische Art und Weise, mit anderen Menschen umzugehen; so etwas habe ich noch nie so hautnah erlebt. Doch nach einiger Zeit beginnt genau dies Sie zu irritieren. Kann er denn nicht ein bisschen mehr Rücksicht auf seine Familie nehmen? Kann sie denn nie ihren Mund halten, muss sie mit allem so herausplatzen? Wie langweilig eigentlich, diese Solidität, diese Stubenhockerin. Wie nervtötend, dass er es ständig allen recht machen will …

Manchmal, wenn man sehr dickköpfig ist, wie in meinem Fall, lernt man seine Lektion erst, nachdem die Beziehung beendet ist. Ich hatte einmal einen Liebhaber, der der Meinung war, dass ich zu langsam, zu träge lief. Er selbst pflegte sich im Eilschritt fortzubewegen, und es irritierte ihn, dass ich mich an seinen Arm hängte, um ihn etwas zu bremsen. Das blieb die ganze Zeit über ein Zwistpunkt, denn ich weigerte mich, schneller zu laufen. Damals dachte ich noch, dass man in einer Liebesbeziehung vor allem sich selbst treu bleiben sollte … (haha). Als die Beziehung zerbrochen war, legte ich

mir einen Hund zu. Und bei den Spaziergängen mit diesem Hund habe ich gelernt, mich in raschem Schritt vorwärtszubewegen. Denn dieser Hund hatte ebenfalls Probleme mit meinem trägen Tempo, er begann an seiner Leine zu reißen. Erst wenn ich in eine rasche Gangart verfiel, war er zufrieden. Warum war ich eigentlich bereit, etwas von einem Hund zu lernen, nicht jedoch von einem Liebhaber?
Es ist die Geschichte vom leeren Boot, die der taoistische chinesische Philosoph Zhuangzi (ca. 365–290 v. Chr.) einmal festhielt:

> »Wenn ein Mann in einem Ruderboot einen Fluss überquert, und ein leeres Boot rammt ihn von der Seite, wird er nicht wütend. Doch wenn er einen Mann in diesem Boot sitzen sieht, wird er ihn anschreien, dass er aufpassen soll. Wenn man ihn nicht hört, wird er noch lauter schreien und zu fluchen und zu schimpfen beginnen. Nur deswegen, weil ein Mensch in diesem Boot sitzt. Und doch würde er nicht wütend werden, wenn niemand darin säße.«

Mit anderen Worten: Ich störte mich am Ego meines Geliebten. Hätte ich ihn als ein ›leeres Boot‹ sehen können, das mir in die Seite fuhr und mir zurief, dass ich ein wenig schneller laufen sollte – ich hätte es wahrscheinlich akzeptiert.
»Wenn du dein eigenes Boot leer machen kannst, während du die Flüsse dieser Welt überquerst«, setzt der chinesische Weise seine Geschichte fort, »wird niemand dir in die Quere kommen, niemand einen Versuch machen, dir zu schaden.«
Zu erkennen, was wir auf unseren Partner projizieren, und dies als ein Signal ernst zu nehmen, das etwas über

uns selbst aussagt, ist eine Übung darin, das Boot unseres Partners als ein leeres Boot zu betrachten und unser eigenes Boot ein wenig leerer zu machen …

Mein Mann und ich boten einmal einen Workshop über die Alchemie der Liebe an, und wir praktizierten dabei auch die beschriebene Übung der vertauschten Positionen. Manche Teilnehmer schrieben schlechte Eigenschaften eines Partners oder eines Ex-Partners auf, die sie bei sich selbst nicht einordnen konnten. Später dämmerte es ihnen: Vielleicht ist dies doch eine Eigenschaft, die ich krampfhaft bei mir selbst nicht sehen will, obwohl ich sie in mir habe. Partner und gute Freunde der Betreffenden bestätigten, dass sie die bewusste Eigenschaft tatsächlich bei ihnen wiedererkannten.
Hier folgt eine kleine Auslese aus den Listen, die wir dabei gesammelt haben. Zuerst einige Eigenschaften, die Frauen an Männern wahrnahmen, die sie bewunderten:

> »Er ist unternehmungslustig, freigiebig, spontan, entspannt, sorglos, weitherzig, liebenswert, sanftmütig, immer für eine Überraschung gut, abenteuerlich, jemand der zupackt, er denkt in großen Linien, er fragt sich niemals einfach, ›was die Nachbarn wohl sagen werden‹.«

Das Bild des ritterlichen Mannes taucht auf, der innerlich frei und entspannt ist. So möchten wir Frauen also selbst gerne werden: relaxt, mutig, energiegeladen und frei.
Hier nun eine Liste von Eigenschaften, worüber Frauen sich an Männern ärgerten:

»Er ist ein Einzelgänger, zeigt wenig Einfühlungsvermögen, er kann sich nicht in andere versetzen, kann nicht zuhören, kann nur schlecht kommunizieren, er frisst alles in sich hinein, ist unsensibel, eigensinnig, schlampig, undiszipliniert, er kann nicht mit Geld umgehen, er schiebt Dinge häufig auf die lange Bank, übernimmt ungern Verantwortung, er trinkt zu viel ...«

Wir erkennen den gepanzerten Ritter, den Roboter und den Typ des Mannes, der sich gerne gehen lässt. Doch was wir ebenfalls sehen, wenn wir mit einem alchemistischen Blick hinsehen, ist die Tatsache, dass viele Frauen sich selbst verbieten, sich gehen zu lassen, sich zu entspannen, die Pflicht Pflicht sein zu lassen. Was sie ebenfalls als schwierig empfinden und dennoch wahrscheinlich nur allzu gerne täten, ist, ihre eigenen Territoriumsgrenzen zu bewachen und eigensinnig ihren Weg zu gehen, ohne ständig fast zwanghaft die Harmonie des Ganzen im Auge behalten zu müssen. Darum sehen sie dies bei ihrem Partner in einem negativen Licht.

Hier nun einige Eigenschaften, die Männer an Frauen lieben:

»Sie ist konsequent, gewissenhaft, liebevoll, sorgfältig, ehrlich, sie gibt mir Geborgenheit, sie strahlt Ruhe aus, sie sorgt gut für sich selbst, sie besitzt ein Gefühl für Schönheit und ist in der Lage, Probleme gut zu analysieren.«

Das ist die Prinzessin, die jedermann in seiner eigenen Seele gerne heiraten würde: die weiblichen Qualitäten von Liebe und Harmonie, die sie selbst von der Anlage her ebenfalls besitzen, doch häufig erst noch weiterentwickeln müssen.
Und hier nun einige Eigenschaften an Frauen, über die Männer sich offenbar ärgern:

> »Sie ist sparsam, pingelig, träge, zu detailverliebt, dominant, missmutig, ihr fehlt der Weitblick, sie ist häufig gestresst, sie erlaubt sich keine Fehler, sie hat Schwierigkeiten damit, anderen Komplimente zu machen, sie kann sich schlecht entspannen, kann nicht delegieren, sie will immer pünktlich kommen, sie teilt sich ihre Zeit zu straff ein, sie will immer der Boss sein, sie lässt mich nicht so sein, wie ich bin.«

Hier taucht deutlich der Drache auf. Was wir jedoch ebenfalls sehen, ist all das, was Männer offenbar gewissermaßen auf ihre Frau abschieben und sich darüber ärgern, weil sie sich selbst in dieser Beziehung noch nicht weit genug entwickelt haben: die Bereitschaft, Verantwortung für die Harmonie des Ganzen zu übernehmen, und die Sorge und Aufmerksamkeit für jede Einzelheit, die dazugehört. Genau diese Geborgenheit und Fürsorglichkeit, die sie an ihrer Frau so schätzen, können sie auch selbst realisieren. Und dadurch werden sie bessere, vollständigere Männer.
Natürlich gab es auch Eigenschaften, die bei beiden Geschlechtern vorkamen. Doch vor allem in den Listen mit negativen Eigenschaften fiel auf, wie gut die universale Spannung zwischen den beiden Urkräften sichtbar wurde. Freiheit und Liebe lassen sich nur schwer kombinieren. Das

Streben nach Freiheit erscheint, mit den Augen der Liebe betrachtet, häufig plump und egozentrisch, und das Streben nach Liebe erscheint häufig angespannt, träge und kleinlich, mit den Augen der Freiheit betrachtet.

Wie sollen wir mit diesen Unterschieden umgehen? Sollen wir Kritik äußern, eine Auseinandersetzung vom Zaun brechen, einander beschuldigen, glauben, dass jeder Streit von unserem Partner verursacht wird? Das wäre die normale Reaktion; es ist die Art und Weise, durch die die meisten Menschen in Beziehungsprobleme geraten. Es ist die Fallgrube der *Polarisierung.*

Polarisieren bedeutet, dass beide Partner sich hinter ihrer Persönlichkeit verschanzen und dadurch in einen immer stärkeren Gegensatz zueinander geraten. *Er* wird immer nachlässiger, *sie* stürzt sich immer verbissener auf die Kinder und in den Haushalt. Oder sie versucht immer stärker die Aufmerksamkeit auf sich zu ziehen, während er stiller und stiller wird. Jede Beziehung unterliegt dieser Gefahr, weil das System der Rollenverteilung eben so funktioniert. Wenn der eine ständig verbissen die Uhr im Auge behält, braucht der andere es nicht zu tun; man kommt ja trotzdem noch rechtzeitig. Er wird die Neigung entwickeln, absichtlich ein wenig zu trödeln und zu bremsen: »Komm schon, entspann dich ein wenig, wir schaffen es trotzdem noch gut ...«

Wenn Ihr Partner bereits Schwierigkeiten im Umgang mit Geld hat, werden Sie von selbst sparsam. Sonst geriete das Haushaltsbudget schon bald ins Wanken. Wenn der eine ständig über sich selbst redet, werden Sie Schwierigkeiten haben, mit Ihrer eigenen Geschichte zu Wort zu kommen. Sie werden die Neigung entwickeln, es bleiben zu lassen.

Und so wächst man allmählich auseinander. Die Beziehung kann dennoch stabil bleiben, weil es eine Art inneres Gleichgewicht gibt: Beide Extreme sind vorhanden. Doch angenehm ist das nicht, denn zwischen diesen Extremen klafft eine Kluft. Die Vorwürfe wollen für gewöhnlich nicht enden.

Ich habe heftig mit meinem Partner über seinen Fahrstil gestritten: »Du fährst zu schnell«, lag es mir immer auf den Lippen. Nach einigen Jahren realisierte ich, dass er zwar ziemlich schnell fuhr, doch niemals tollkühn. Ich begann seinen Fahrstil anders zu bezeichnen: ein sportlicher Fahrstil. Des Weiteren begann ich zu beobachten, dass ich selbst ebenfalls die Neigung hatte, das Gaspedal durchzudrücken, wenn ich am Steuer saß. Kurzum, ich hörte auf zu polarisieren. Und je weniger ich nörgelte, desto ruhiger fuhr er. Dies war keineswegs zufällig so. Die meisten Menschen möchten eigentlich gern etwas für ihren Partner tun. Doch solange sie das Gefühl haben, dass sie dazu gezwungen werden, macht es ihnen keinen Spaß. Erst wenn man sich frei dazu entschließen kann, ist es schön, für den geliebten Menschen etwas zu tun.
In einem alchemistischen Prozess arbeitet man bewusst an der *conversio oppositorum.* ›Kreuzbestäubung‹, so könnte man es auch nennen: Man tut sein Möglichstes, um die guten Qualitäten des Partners in sich selbst ebenfalls zur Blüte zu bringen.
Man beginnt damit, die Eigenschaften, die einen am Partner am meisten ärgern, positiv neu zu formulieren. Sprechen Sie Ihre Wertschätzung für diese positive Seite Ihrem Partner gegenüber laut aus; lassen Sie ihn oder sie bemerken, dass Sie beginnen, anders über die Eigenschaften zu denken, die in der Vergangenheit häufig Anlass zu Streit gaben. Dass Sie

sie eigentlich selbst – in einer günstigen Gestalt natürlich – ebenfalls gern entwickeln würden. Fragen Sie Ihren Partner, wie er oder sie dies zu Wege bringt. Hören Sie gut darauf, was er Ihnen rät, und versuchen Sie, diesem Rat zu folgen.
In meiner eigenen Beziehung bedeutete dies also, dass mein Partner sich mir gegenüber selbstsicherer zu benehmen begann. Und das war sehr gut für die Beziehung. Ich bemerkte, dass ich es sogar angenehm fand, wenn er nicht einknickte, statt wie früher immer einzulenken oder nachzugeben.
So kaufte er einmal große Lautsprecherboxen, die ich besonders hässlich fand, und als sie im Zimmer aufgestellt worden waren, hielt ich mit meinem Urteil nicht hinter dem Berg. Zu meiner Überraschung ließ er sich nicht beirren und machte weiter mit der Installation. Ganz beiläufig sagte er: »Du wirst dich schon daran gewöhnen.« Leise murrend lief ich weg. Und ich begriff mit einiger Verwunderung, dass ich es eigentlich sympathisch fand, dass er so standfest blieb. Ich brauchte gar nicht so zu tun, als ob ich diese Boxen schön fände. Aber er zuckte auch nicht zusammen, er fühlte sich nicht schuldig, er tauschte sie auch nicht um. Dies gab uns allen beiden Spielraum. Natürlich ist es etwas ganz anderes, wenn ein Mann niemals Rücksicht auf seine Partnerin nimmt; dann wird ihr viel daran liegen, dass er dies unbedingt tut. Doch mein Drache verwandelt sich in eine schnurrende Katze, wenn ihm ein starker Ritter gegenübertritt.
So kamen wir einmal mit dem Auto irgendwo an, und es sah so aus, als wollte er den Wagen auf einem Rasenstück parken. Überall waren Pfützen, und ich begann schon bei der Anfahrt zu rufen: »Aber denk daran, ich möchte nicht bei den Pfützen aussteigen müssen!« – »Nein«, kläffte mein Mann, »ich werde dich mitten im Schlamm absetzen.« Darin

schwang etwas anderes mit: Wieso gehst du von vornherein davon aus, dass ich es falsch machen werde? Das Resultat seines Scherzes war, dass wir beide mit einem breiten Grinsen und trockenen Fußes aus dem Auto stiegen.

Von meiner Seite her arbeite ich in den letzten Jahren bewusst daran, eine etwas diplomatischere Haltung zu entwickeln; flexibel reagieren, mitgehen. Dies braucht keineswegs scheinheilig zu sein; ich werde dadurch nur ein weiserer, weitherzigerer Mensch. Zumindest, wenn es gelingt.
Die Anwendung des Prinzips der *conversio oppositorum* in einer Beziehung bedeutet nicht, dass man seinem eigenen Charakter Gewalt antun oder aufhören soll, so zu sein, wie man ist. Nichts muss beseitigt werden. Die andere Eigenschaft, die man am Partner schätzen gelernt hat, kommt einfach hinzu. Sie werden dadurch kein Mannweib oder Softy. Sie werden eher mehr von dem, was Sie bereits sind, ein männlicherer Mann und eine weiblichere Frau, weil Ihr Charakter zur vollen Blüte kommen kann.

In seinem Buch *Kreativität* stellt der amerikanische Psychologe Mihaly Csikszentmihalyi dar, dass kreative Menschen komplexe Naturen sind, die die Fähigkeit besitzen, polare Eigenschaften in sich zu vereinen. Sie sind zum Beispiel energisch, doch auch ruhig, sie sind zugleich schlau und naiv, spielerisch und diszipliniert, realistisch und verträumt, sowohl extrovertiert als auch introvertiert, bescheiden und stolz, männlich und weiblich. Logisch, dass das Zusammengehen von Extremen zu Kreativität führt – die Urpolarität ist ja die von Mann und Frau, und ihr Verschmelzen führt zur Schöpfung eines neuen Menschen. Aber es zeigt sich, dass es möglich ist, auch andere Gegensätze in sich zu vereinen. Man kann verantwortungsbewusst und ernsthaft sein und trotzdem Partys feiern. Man kann sozial offen und verrückt danach sein, Menschen um sich zu haben, und dennoch Zeiten einschieben, in denen man sich ganz in sich kehrt. Man kann begeistert von sich sprechen und dennoch anderen aufmerksam zuhören. Durch all dies werden wir lediglich bessere und umfassendere Menschen. Und kreativere außerdem.

Sie werden bemerken, dass Ihre Konflikte abnehmen, sobald Sie sich darin üben. Sie sind dann keine Opponenten mehr, sondern Teamkameraden in einem Entwicklungsprojekt. Sie stehen nebeneinander, anstatt einander gegenüberzustehen.

Sie denken vielleicht: Ja, aber dann muss der andere ebenfalls mitmachen. Wir müssen gleichzeitig über den Fluss setzen, sonst bin ich wieder der Dumme und der andere hat gewonnen. Ich werde nicht einseitig abrüsten, denn dann wäre ich wehrlos, während der andere noch bewaffnet ist. Das ist mir zu gefährlich.

Ich gebe zu, dass es einer gehörigen Portion Mutes bedarf, hier den ersten Schritt zu machen. Doch im Grunde droht keine wirkliche Gefahr. Sobald Sie sich nämlich verändern, ändert sich auch das System der Beziehung und damit unvermeidlich früher oder später Ihr Partner ebenfalls.

Von dem bekannten amerikanischen Beziehungstherapeuten Harville Hendrix stammt der kühne Satz:

> »Es braucht zwei Menschen,
> um eine Beziehung schlechtzumachen.
> Doch nur einen, um sie wieder gutzumachen.«

Wie funktioniert das? Wenn Sie einen solchen Schritt gehen, durchbrechen Sie das alte Rollenspiel. Wenn Sie lockerer werden, weniger besorgt, weniger kritisch – weniger drachenartig, um es in einem Wort zusammenzufassen –, dann wird Ihr Partner früher oder später weniger lasch und träge werden, sich mehr um den Lauf der Angelegenheiten kümmern und mehr Verantwortung übernehmen. Wenn Sie sich in Aufmerksamkeit für Details üben, werden Sie von selbst bemerken, dass Ihr Partner sich entspannt. Das kann eine Weile dauern, denn der Betreffende muss zunächst natürlich sichergehen können, dass es sich um keinen Trick oder eine Fassade handelt; doch irgendwann wird er gar nicht anders können, als seine eigene ›Beziehungsrolle‹ zu korrigieren.

Ich sage nicht, dass dies einfach ist. Aber ich sage, dass es funktioniert. Und das Interessante dabei ist: Es beginnt sofort zu wirken, sobald Sie sich dieses Zusammenhangs bewusst geworden sind und offen aussprechen, dass Sie gerne die Qualitäten Ihres Partners in sich selbst entwickeln wollen. Sie brauchen keine Perfektion zu erreichen.

6 Eile mit Weile

Festina lente. Prozesse brauchen Zeit, ungeachtet dessen, wie intensiv an ihnen gearbeitet wird. Eine Liebesbeziehung durchläuft verschiedene alchemistische Stadien.

»Mein Freund und ich stritten uns neun Monate lang«, berichtete mir einmal eine Bekannte. »Wir stritten über alles Mögliche. Es war eine sehr schwere Zeit. Ich weiß noch ganz genau, wann sich das änderte. Wir hatten wieder einmal heftigen Streit. Und weißt du worüber? Es handelte sich um die genaue Anzahl von Kilometern zwischen Bloemendaal und Zandvoort. Darüber waren wir total uneinig. Verbissen bestand jeder auf seinem Standpunkt. Und plötzlich begriff ich: Dieser Streit war absurd. Es ist völlig grotesk, sich über die Entfernung zwischen Bloemendaal und Zandvoort die Köpfe heißzureden! Es handelte sich eigentlich um einen ganz normalen Machtkampf. Als ich dies begriffen hatte, fiel mein Drang, unbedingt recht zu behalten, wie mit einem Schlag von mir ab. Ich begann zu lachen, und mein Freund begann ebenfalls zu lachen. Danach war in unserer Beziehung eine Veränderung eingetreten. Nicht, dass wir niemals mehr Konflikte hätten, aber sie laufen nicht mehr so aus dem Ruder wie früher. Wir nehmen sie weniger ernst.«
Ich selbst erinnere mich noch lebhaft an den Augenblick, als die Beziehung mit meinem Partner in ein neues Stadium eintrat. Wir machten Ferien in Österreich und zankten uns häufig. Meistens war ich diejenige, die damit anfing, aber

ich war natürlich der Meinung, dass er den Anlass bot. Ich mäkelte und meckerte herum, nichts war mir recht, ich ärgerte mich über alles, kurzum, ich war ein Drache. In Wien besuchten wir die Müllverbrennungsanlage, die durch den Künstler Hundertwasser umgebaut worden war. Dort gab es einen langen hölzernen Laufsteg – und auf diesem Steg geschah es: Wir schauten uns an, mitten in unseren erhitzten Diskussionen, und uns begann ein Licht aufzugehen. Wir begriffen den Clou: Wir sind *miteinander* in einen Machtkampf verwickelt. Es handelt sich um einen reinen Wettbewerb, und wir nehmen beide mit demselben Eifer daran teil. Es ist nicht nur *meine* oder *deine* Schuld. Du kannst nie allein kämpfen, denn wenn der andere nicht zurückschlägt, gibt es gar keinen Kampf. Wir kämpfen beide gleich verbissen, jeder auf seine eigene Art und Weise. Keiner möchte dem anderen unterlegen sein. Und das war es, was uns lähmte. Die Situation war ein Eye-Opener, eine Offenbarung.

Auf dem Rückweg zum Hotel kamen wir an einem Gebäude mit einem Firmenschild vorbei. Das Unternehmen, das sich dort befand, hatte sich auf *Entschädigungsberechtigung* spezialisiert. Es war ein typisch deutscher Bandwurmbegriff, und im Vorbeigehen blieben meine Augen daran haften. Beim Weitergehen ging mir plötzlich mit erdrückender Klarheit auf, dass ich noch etwas zu tun hatte. Ich musste meinem Partner meine Entschuldigungen anbieten. Ich war ihm oft auf die Pelle gerückt, hatte ihn beleidigt, hatte ihn herabgewürdigt, kritisiert, und das alles nur, um in unserer Beziehung die Macht zu übernehmen. Es war tatsächlich eine Art Entschädigung notwendig.

In den Siebzigerjahren lief in den Kinos der Film *Love Story* und der dazugehörende Popsong hieß: *Love Means You Ne-*

ver Have to Say You're Sorry – Liebe bedeutet, sich nie beim anderen entschuldigen zu müssen. Der Gedanke dahinter war, dass echte Liebe zwei Menschen so tief miteinander verbindet, dass beide es spüren, wenn der jeweilige Partner bedauert, was er dem anderen zugefügt hat. Das war romantischer Unsinn, und ich frage mich manchmal, wie viel Unheil dieses dumme Lied in echten Liebesbeziehungen wohl angerichtet haben mag.
Ich sagte also: »Sorry.« Es fiel mir schwer, dieses Wort auszusprechen, und es machte überhaupt keinen Spaß, es zu tun. Ich fühlte mich klein und gedemütigt. Aber ich meinte es aufrichtig. Und es funktionierte. Mein Partner war froh und erleichtert. Er umarmte mich, küsste mich sofort und sagte, es gäbe überhaupt keinen Grund, mich zu entschuldigen, er müsste eigentlich genauso laut Sorry sagen. Die allerschwerste Phase der Beziehung, die der *Verwesung (putrefactio),* um die alchemistische Terminologie zu benutzen, war vorüber.

Festina lente ist ein klassischer Leitsatz der Alchemie: Eile mit Weile. Ein wunderbares Paradoxon; auch hier muss man Gegenteile in sich selbst vereinen. Arbeite intensiv an deiner Beziehung, aber überstürze nichts. Bleibe unermüdlich am Ball, aber versuche nicht, Entwicklungen schneller verlaufen zu lassen, als sie verlaufen können, ja sogar dürfen; berücksichtige die Gesetze ihrer eigenen Natur. Verstehe und akzeptiere, dass jeder Prozess sein eigenes Tempo hat, seine eigene Zeit braucht. Erst wenn die Zeit reif ist, kann eine Phase in die nächste übergehen.
Manchmal kann es so aussehen, als ob sich niemals etwas verändere und man immer wieder auf dieselben Probleme

stoße. Doch ist das wirklich wahr? Oder ist es nicht doch so, dass wir immer wieder ein klein wenig besser damit umzugehen lernen? Ein Entwicklungsprozess ist eine Spirale: Wir kommen häufig an dieselben Stationen, aber wir befinden uns immer wieder auf dem nächsthöheren Ring der Spirale. Das Führen eines »Beziehungstagebuches« kann uns helfen, solche subtilen Fortschritte wahrzunehmen.

In einem alchemistischen Prozess gibt es unterschiedliche Entwicklungsstadien. Diese Stadien verlaufen natürlich nie genau nach Schema. Manchmal bleibt man lange in einer bestimmten Phase hängen und manchmal überspringt man einige oder durchläuft sie im Eiltempo. Häufig gibt es eine zyklische Bewegung: Es sieht so aus, als würde man ab und zu ganz von vorn beginnen. Und das ist auch so, dennoch gibt es jedes Mal einen Unterschied. Wir erreichen jedes Mal eine höhere Ebene der Einsicht und des Verstehens.

Jede Beziehung verläuft also in Stadien, in Entwicklungsphasen. Die alten Alchemisten kannten derartige Phasen in ihren Experimenten ebenfalls, und sie stellten gewisse Entwicklungsreihen auf. Eine solche Entwicklungsreihe, die sich gut auf die Entwicklung der Liebe anwenden lässt, sieht beispielsweise wie folgt aus:

Calcinatio – Erwärmung

Dies ist die Anfangsphase, in der die beiden Beteiligten damit beginnen, füreinander ›warmzulaufen‹. Es ist eine gesegnete Phase, eine goldene Zeit. Man ist ineinander verliebt, und man sieht den anderen als den idealen Partner, als den Partner, wie er unserer Ansicht nach sein soll. Und im Idealfall zeigt man sich selbst von seiner Sonnenseite. Dies

geht automatisch, man kann gar nicht anders. Es ist, als wollte uns das Leben zeigen, wie schön Liebe sein kann, wie wunderbar Sie und Ihr Partner sein können. Diese Phase dauert meistens nicht so lang. Das Maximum scheint bei etwa drei Jahren zu liegen. Doch die meisten Beziehungen schaffen dies bei Weitem nicht. Vor allem, wenn man zusammenzieht und einander wirklich kennenlernt, ist diese Erwärmungsphase rasch vorbei. Nicht ohne Grund spricht man von Flitter*wochen.*
Manche Paare überspringen diese Phase sogar und beginnen gleich damit, sich zu streiten. Begehen Sie dann nicht den Fehler, zu glauben, dass Sie eine schlechte Beziehung ohne Zukunftsperspektive führen. Im Gegenteil, es bedeutet eigentlich nur, dass Sie sofort und mit großer Energie die nächste Phase der alchemistischen Arbeit angegangen sind.

Solutio – Auflösung

In einem bestimmten Moment werden erste Risse im Idealbild sichtbar, das Sie von Ihrem Partner haben. Damit beginnt die nächste Phase. Sie verabschieden sich von der Vorstellung, dass Sie beide ein perfektes Paar bilden. Sie beginnen, den anderen in einem realistischen Licht zu sehen. Und Sie beginnen, sich über ihn zu ärgern: Der Machtkampf kündigt sich an. Relativ viele Beziehungen werden in diesem Stadium zerbrochen; Menschen haben meistens keine Lust, sich auf die schwierige Phase einzulassen, die jetzt folgt, oder sie leben noch in der Illusion, es sei möglich, einen Partner zu finden, mit dem vom Anfang bis Ende alles nur ›nett‹ bleibt. Lieber lösen sie ihre Beziehung auf als ihre Illusionen.

Wenn man gemeinsame Kinder hat oder durch andere gemeinsame Projekte verbunden ist, können diese wie ein Bindemittel wirken, das sie noch zusammenhält. Dabei besteht unter anderem die Gefahr, dass Sie, beispielsweise um der Kinder willen, zwar zusammenbleiben, sich aber weigern, miteinander zu streiten. Dann leben Sie nebeneinander her, entweder in höflichem Respekt oder in Gleichgültigkeit. Dies lässt die Beziehung bis zum Nullpunkt erkalten, und der alchemistische Prozess kommt zum Stillstand.

Die Auflösung Ihres Idealbildes ist ein schwieriger und schmerzhafter Prozess, denn die Sehnsucht nach dem Ideal ist hartnäckig. Doch der ideale Partner existiert nicht; es gibt nur die Realität. Und darin liegt die Bedeutung der Konflikte; streitend und sich versöhnend kommen Sie langsam aber sicher zu der Erkenntnis, dass Ihr Partner zwar nicht perfekt ist, doch durchaus in Ordnung.

Putrefactio – Verwesung

Dies ist die Phase der Konflikte. Sie kann kurz oder lang dauern; neun Monate im Falle der Frau am Beginn dieses Kapitels, etwa drei Jahre in meinem Fall. Der bekannte Beziehungstherapeut Harville Hendrix sagt, dass er und seine Frau Helen während der ersten fünfzehn Jahre ihrer Ehe häufig Streit hatten. Und alle beide waren Beziehungstherapeuten! Eines Tages sagten sie zueinander: »Sollten wir nicht endlich einmal das tun, was wir anderen Menschen immer empfehlen?« Von diesem Moment an wurde ihre Ehe zu dem, was sie als eine ›bewusste Ehe‹ bezeichnen. Ich würde sagen: Sie wurden Liebesalchemisten. Inzwischen sind sie seit dreißig Jahren glücklich verheiratet.

Alchemistische Darstellung, 17. Jhrdt.

Verrottung und Verwesung sind in der Natur heilsame und gesunde Prozesse. Blätter verrotten und bilden Humus, der unentbehrlich ist für die Bodenfruchtbarkeit. So bilden auch Auseinandersetzungen und Streit in Ihrer Beziehung einen fruchtbaren Boden für die Entwicklung. Verwesung bedeutet, dass ein gestorbener Organismus in seine Bestandteile zerfällt; die Bande der Erwartungen, Forderungen und Hoffnungen werden gelöst. Die Schuppen fallen von den Augen, und die Masken werden abgelegt. Man zeigt sich, wie man ist. Drache und Roboter kommen aus ihren Verstecken zum Vorschein.

Reductio – Verringerung

Wenn alles gut verläuft, verlieren Sie in diesem Stadium etwas, nämlich die Illusion, selbst ein perfekter Partner zu sein. Sie haben in einem der vorigen Stadien wahrscheinlich Ihrem Partner die Schuld an den Problemen zugeschoben; das tun wir fast alle. Langsam aber sicher beginnt es Ihnen jedoch zu dämmern, dass Sie selbst auch nicht immer ein Darling sind. Wo zwei miteinander kämpfen, sind auch zwei schuld daran – das ist zwar ein Klischee, aber es ist auch die Wahrheit.

Sie beginnen jetzt damit, den Drachen bzw. den Roboter in sich selbst zu beobachten. Sie beginnen, sich selbst im Spiegel Ihrer Beziehung zu erblicken. Verringern bedeutet nicht vermeiden, doch Sie können diesen Prozess etwas weniger schmerzhaft gestalten, indem Sie sich bewusst ›verringern‹, d. h. in der rechten Weise zurücknehmen. Nicht indem Sie plötzlich demütig zu Kreuze kriechen, sondern indem Sie überflüssigen Ballast abwerfen. Die ›Spiegelarbeit‹, wie sie im vorigen Abschnitt beschrieben wurde, führt zu einem Abbau Ihres Überlegenheitsgefühls, Ihrer Selbstgenügsamkeit, Ihres Ego.

Sublimatio – Verflüchtigung, Spiritualisierung

›Sublimieren‹ als physikalischer Terminus bedeutet den Übergang eines Stoffes von einem Aggregatzustand in einen anderen, meistens von der festen Form in die gasförmige. Im übertragenen Sinne gilt dies für die Transformation der libidinösen Energie zu etwas Höherem, Geistigerem. In der Liebesalchemie bedeutet es, dass Sie als Frau damit beginnen, Ihren Drachen zu zähmen, indem Sie lernen, ihn loszulassen. Der Drache ist, wir erinnern uns, dasjenige, was festhält, der ›Kontrollfreak‹, und die Sublimation der Drachenenergie bedeutet, dass Sie lernen zu entspannen, zu vertrauen und loszulassen. Dies wird von Frauen im Allgemeinen als schmerzhaftes Opfer empfunden. Es scheint, als würde man den geliebten Menschen opfern, wenn man ihn loslässt, wenn man ihn so frei lässt, dass er derjenige sein kann, der er eigentlich ist. Doch in Wirklichkeit führt dieses Opfer dazu, dass aus Ihrer Bindung an den Partner echte Liebe wird. Nur Freiheit macht eine Frau wirklich liebevoll. Für Sie als Mann bedeutet das, dass Sie sich mit dem Roboter in Ihrer Seele konfrontieren und dafür sorgen, dass er nicht länger unbewusst auftreten und operieren kann. In der Beziehung beginnen Sie, dem Drachen standzuhalten, statt vor ihm zu flüchten. Sie lassen nicht mehr so einfach alles so laufen wie es läuft. Auch das ist ein Opfer. Sie haben als Mann das Gefühl, dass Sie Ihre Freiheit aufgeben, wenn Sie sich von Ihren Vorbehalten verabschieden und sich bedingungslos mit Ihrer Partnerin und der Beziehung verbinden. Es fühlt sich an, als begäben Sie sich freiwillig in ein Gefängnis. Aber gerade dieses Opfer kann aus Ihrem Freiheitsdrang echte, innere Freiheit machen. Nur die Liebe macht einen Mann wirklich frei.

Conjunctio – Vereinigung

Mit der Sublimierung des Drachen und des Roboters wird der Weg für die »heilige Hochzeit« der Seele geebnet: Das Männliche und das Weibliche verbinden sich miteinander auf einer höheren, geistigen Ebene. Freiheit und Liebe erweisen sich nicht länger als diametrale Gegensätze, sondern sie kristallisieren zu einer Einheit aus. Das Kind, das aus dieser Vereinigung geboren wird, ist der ›Stein der Weisen‹: *die Freiheit, zu lieben* – auch das Unvollkommene in Ihnen selbst und im anderen. Und: *die Liebe, freizulassen.*

Coagulatio – Gerinnung

Es kostet Zeit, diese neuen Erkenntnisse zu stabilisieren, sie in Ihrer Seele gewissermaßen ›gerinnen‹ zu lassen. Und dafür zu sorgen, dass sie sich auch in der Wirklichkeit materialisieren, das heißt: in der konkreten Beziehung. Das bringt mit sich, dass Sie in dieser Phase sehr viel Geduld haben müssen. Sie verstehen jetzt zwar, wie die Dinge zusammenhängen, dennoch werden Sie ab und zu noch Fehler begehen. Verzweifeln Sie nicht und machen Sie einfach weiter – Sie befinden sich jetzt in der Gerinnungsphase. Man könnte auch sagen: Das Neue muss sich zunächst erden, es muss Wurzeln schlagen, bevor es wachsen und blühen kann.

Wie gesagt: Dies ist nur eine Entwicklungsreihe unter vielen anderen möglichen. Eine weitaus einfachere Einteilung wurde von den Alchemisten durch Farben angedeutet: Schwarz, Weiß und Rot sind dabei die wichtigsten.

Die *schwarze Phase* ist die Verbrennungsphase, die Phase des Gefechts, in deren Verlauf manche Illusion, die Sie in Bezug auf Ihren Geliebten oder sich selbst hegten, zu Asche verbrennt – eine schwierige Phase mit vielen Tiefpunkten.

Nach der schwarzen Phase folgt eine *weiße Phase.* Sie durchschauen den Prozess, Sie begreifen, was sich abspielt. Doch Sie stehen einander noch diametral gegenüber. Sie kämpfen zwar nicht mehr gegeneinander, Sie beginnen, miteinander zu reden, jedoch immer noch mit Argwohn und Vorsicht. Das Gefecht wird abgelöst von Verhandlungen.

In der *roten Phase* versöhnen Sie sich miteinander. Sie verbinden sich aufs Neue, doch jetzt auf einer höheren Bewusstseinsebene. Die Erstarrung der weißen Phase ist vorüber, und die Leidenschaft kann wieder aufflammen, genau wie am Anfang. Die Energie kann frei strömen, und es kommt eine echte Kommunikation in Gang; die Verhandlungen werden jetzt zu einem offenen Dialog, zu einem Gespräch.

Auch die drei Phasen, die David Deida in seinen Büchern beschreibt, könnte man als alchemistische Phasen betrachten. Die schwarze Phase ist dann die des Macho oder der Kindfrau: Die beiden stehen einander unversöhnlich gegenüber. In der weißen Phase emanzipieren sich die beiden Partner voneinander und entwickeln jeweils ihren entgegengesetzten Pol. Es fühlt sich an wie Stagnation; es herrscht wenig Leidenschaft. Und in der roten Phase beginnt die Libido wieder zu strömen, die Partner werden sich wieder ihrer ursprünglichen gegenseitigen Anziehungskraft bewusst.

Diese drei Phasen kehren immer aufs Neue wieder. Immer wieder gibt es etwas, das verbrennen muss, immer wieder wird man mit dem anderen kämpfen müssen, man gerät in Patt-Stellungen, beginnt zu verhandeln und erhebt sich schließlich über die Situation, sodass die eigentliche Liebe wieder strömen kann. So lange, bis es nicht mehr notwendig ist zu kämpfen, weil Sie genug gelitten haben und wissen, dass Sie jederzeit miteinander in ein Gespräch eintreten können, als Teampartner in einem spannenden Entwicklungsprozess.

Die alten Alchemisten gebrauchten häufig Vögel als Symbole für unterschiedliche Stadien des geistigen Prozesses der fortschreitenden Veredelung. Ganz unten in der Entwick-

Aus: Basilius Valentinus, *Zwölf Schlüssel.* Hamburg 1677

lung, bei der schwarzen Phase, steht der Rabe, der Bote, der krächzend berichtet, dass der Prozess seinen Anfang genommen hat. Zur weißen Phase gehört der Schwan, das Symbol der ehelichen Treue und der Reinigung. Noch höher auf der Entwicklungsleiter sahen die Alchemisten den Pfau: das Symbol der Auferstehung, der geistigen Wiedergeburt und der Verwandlung des Niederen in das Höhere. Auf der höchsten Stufe der Entwicklung steht der Pelikan. Früher glaubte man, dass der Pelikan sich mit dem Schnabel in die eigene Brust hackte, um die Jungen mit seinem Blut zu füttern. Dieser Vogel wurde zum Symbol der reinen, selbstlosen Liebe und des Steins der Weisen – das ideale, doch zunächst noch unerreichbare Endziel der Beziehung.

7 Warmhalten, aber nichts anbrennen lassen

Sorgen Sie für gleichmäßige Wärme in dem
alchemistischen Prozess Ihrer Beziehung.
Halten Sie das Feuer am Brennen,
doch vermeiden Sie Explosionen und Überhitzung.

Eine der letzten heftigen Auseinandersetzungen, die ich mit meinem Partner – zum Glück ist das schon eine ganze Weile her – hatte, erfüllt mich noch heute mit Scham, wenn ich daran zurückdenke. Es war an einem Samstagmorgen, einem Morgen, an dem wir fast immer gemeinsam das Haus putzen. Mein Mann war aufgestanden und hatte sich rasch angekleidet. Ich begann zu maulen: »Ziehst du dich einfach so an? Ohne vorher zu duschen?«

»Sag mal, was mischt du dich da ein …«, spuckte er.

Doch ich war nicht zu bremsen. Ich hatte schlecht geschlafen, war mit dem falschen Bein aufgestanden, oder vielleicht hegte ich auch noch einen gewissen Verdruss wegen etwas anderem, das sich vor einigen Tagen ereignet hatte – ich weiß es nicht mehr, aber irgendetwas war in mich gefahren, und ich machte den Mund auf, um mit einer wütenden Tirade zu beginnen. Der Drache war von der Leine gelassen. Das lief ungefähr folgendermaßen ab: »In was ich mich einmische? Na hör mal, das kannst du doch mir gegenüber nicht einfach so bringen! Es ist mir unangenehm … Du bist ein schlechter Liebhaber, wenn du dich so gehen lässt! Du bist hier nicht allein im Haus, du musst auch auf andere Menschen Rücksicht nehmen. Du könntest dich auch einfach mal normal benehmen, Menschenskind! Dieses angebliche Bohemien-Getue … Mein Gott, Männer sind so schmutzig! Ich halte mich selbst doch auch sauber, ich habe keine Lust, mit einem stinkenden Mann das Haus zu teilen. So viel Zeit kostet es doch nicht, was hindert dich denn daran, kurz zu duschen?«

Und so ging es immer weiter.

Endlich trat eine Pause in meinem Redeschwall ein, der aus Vorwürfen, Beschuldigungen und guten Ratschlägen bestand, und da erklärte er nur ganz gelassen: »Es ist heute so ein warmer Tag … Ich hatte eigentlich vor, später, nach dem Staubsaugen, zu duschen.«

Es war, als hätte jemand mit einer Nadel in den Ballon meiner Wut gestochen. »Hm, sag das doch gleich«, brummte ich.

Das sogenannte »Dramadreieck« ist ein Terminus des amerikanischen Transaktionsanalytikers Stephen Karpman. In einer Beziehung übernehmen Partner häufig die Rolle *des Opfers*, *des Retters*, das heißt desjenigen, der die Wellen glättet und Rat gibt, oder *des Verfolgers oder Täters*. Ein Gespräch, in dem alle drei Rollen vorkommen, ist, so Karpman, in einem Dramadreieck gelandet. Das heißt, das Gespräch dreht sich in Wirklichkeit gar nicht um das Thema, über das gesprochen wird, sondern es ist zu einer rein emotionalen Angelegenheit geworden, bei der die Partner einander gegenüberstehen, um irgendeinen emotionalen ›Sieg‹ oder Gewinn über den anderen einzufahren. Es ist nichts anderes als ein reiner Machtkampf.

Natürlich kommt es manchmal vor, dass Sie jemanden tatsächlich mit vollem Ernst eines Vergehens beschuldigen oder dass Sie Ihre Not angesichts einer bestimmten Situation artikulieren, die Sie bedrückt, oder dass Sie jemandem einen weisen Rat geben. Dies kann notwendig sein. Doch wenn Menschen innerhalb einer kurzen Zeit ihre Rolle wechseln und in einer Auseinandersetzung innerhalb kurzer Zeit, ja vielleicht innerhalb einer einzigen Minute, zuerst das Opfer spielen, dann den Retter und am Schluss den Ankläger mit dem mahnend erhobenen Zeigefinger, dann handelt es sich hier um etwas anderes – dann geht es nur darum, um des Kämpfens willen zu kämpfen. Sie tun so, als seien Sie bedauernswert, Sie tun so, als seien Sie arrogant, und Sie benehmen sich, als seien Sie wütend, meistens alles zugleich. Ein solches Dramadreieck kann unterschiedliche Heftigkeitsgrade durchlaufen. Eine ruhigere Variante kann beispielsweise mit einer Anschuldigung beginnen, etwa so: »Was bist du heute wieder idiotisch spät!«
Der andere antwortet mit einer Gegenfrage, wobei er sich selbst als Opfer darstellt: »Ach, darf ich nicht auch einmal Spaß haben?«
Der erste Partner spielt den Retter und beschwichtigt ihn mit einem guten Rat: »Du hättest dich doch kurz melden können, ein Anruf wäre doch keine große Mühe gewesen.«
Der andere antwortet wiederum als Opfer: »Muss ich die ganze Zeit immer nur an dich denken, darf ich mich nie entspannen? Lass mich doch einmal in Ruhe, lass mich mein eigenes Leben führen, du benimmst dich wie meine Mutter …«
Nun wird der Erste ebenfalls zum Opfer: »Ich saß hier und habe mir Sorgen gemacht, aber daran denkst du keine Sekunde lang, es ist dir einfach egal, was ich fühle.«

Worauf eine Anschuldigung der Gegenpartei erfolgt: »Als ob *du* je an mich dächtest. Du machst doch auch immer, was du willst; wenn hier jemand ein Egoist ist, dann bist du es. Du gönnst mir einfach keinen netten Abend …«
Und so weiter.

Opfer, Retter und Beschuldiger lösen einander in raschem Tempo ab. Solche Konstellationen bilden eine perfekte Ausgangsbasis für einen heftigen Streit.
Man kann auch allein in ein Dramadreieck geraten. In meiner wütenden ›Duschtirade‹ spulte ich meine Beschuldigungen der Reihe nach herunter: »Du bist ein schlechter Liebhaber«, verbunden mit der Opferrolle: »Es stört mich, wenn du stinkst« und zuletzt auch mit Ratschlägen: »Du könntest dich auch einfach mal normal benehmen … so viel Zeit kostet das nicht.«

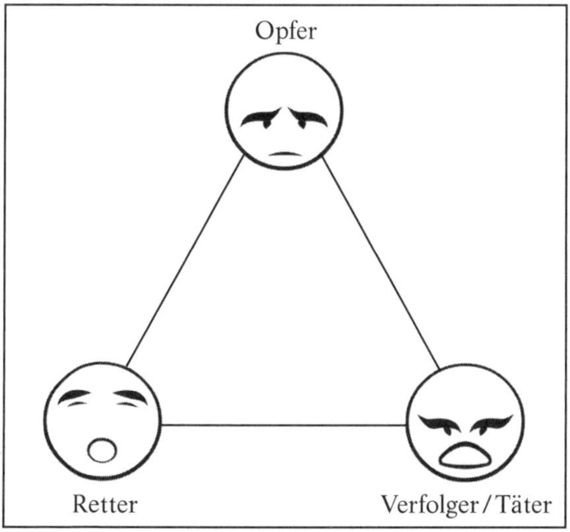

Das Prinzip des Dramadreiecks war für mich unglaublich erhellend. Bis zu diesem Moment war ich immer der Meinung gewesen, dass ich mich ernsthaft mit den Mängeln meines Partners auseinandersetzte und mich offen und ehrlich bemühte, einen besseren Mann aus ihm zu machen, weil dies nun eben notwendig sei. Die beschämende Tatsache, dass ich nur kämpfte, um zu kämpfen, war mir total entgangen. Aber, wie es eben so geht mit der Wahrheit: Sobald ich sie hörte, erkannte ich sie. Und diese Bewusstwerdung veränderte die Atmosphäre in meiner Beziehung sehr zum Guten. Als ich einmal verstanden hatte, wie der Mechanismus funktionierte, wurde es für mich immer schwieriger, unbewusst in einem solchen Dramadreieck hängen zu bleiben. Ich hörte, wie ich selbst die jeweiligen unterschiedlichen Positionen einnahm, während ich agierte, und damit war das Ganze, um es einmal so auszudrücken, überhaupt nicht mehr amüsant.

Aber dennoch bedurfte es einiger weiterer Auseinandersetzungen. Jener ›Duschstreit‹ war die letzte, das hoffe ich jedenfalls. Seither ist es mir nicht mehr gelungen, mich im Laufe eines einzigen Gespräches der Reihe nach entweder bemitleidenswert zu geben, meinen Partner wütend zu beschuldigen und dann auch noch arrogante Ratschläge zu geben. Ich bin, in meinen eigenen Augen jedenfalls, zu transparent geworden. Und mein Partner ist momentan so selbstsicher, dass er mir Einhalt gebietet, wenn ich zu nörgeln beginne. »Hör mal, nimm dich doch einen Moment zurück«, kann er dann zum Beispiel sagen. Das ärgert mich zwar, aber ich habe gelernt, es ernst zu nehmen: Meistens hat er recht, und ich war im Begriff, heißzulaufen.

So geht es mit der Bewusstwerdung: Wenn man etwas in

Bezug auf sein eigenes Verhalten *verstanden* hat, hat man es deswegen noch lange nicht *abgelegt*. Zuerst folgt eine anstrengende Periode, in der man immer noch das alte Verhaltensmuster an den Tag legt, doch man ist jetzt in der Lage, es bei sich zu erkennen, während man mitten drin steckt. Dies weckt Scham und manchmal auch Verzweiflung: Wird es mir denn nie gelingen, es abzulegen? Aber haben Sie keine Angst – gerade diese Gefühle sind ein Zeichen dafür, dass bereits eine Veränderung eingesetzt hat und dass Sie irgendwann das alte Verhalten hinter sich lassen werden.

Ein Beziehungsprozess braucht Wärme. Wenn eine Beziehung ›einfriert‹, ist keine Entwicklung mehr möglich. Im Mittelalter benutzten die Alchemisten Feuer, Sonnenlicht, heißes Wasser, Dampf und erhitzten Sand, um ihre Retorten und Reagenzgläser gleichmäßig zu erwärmen. Es kam auch vor, dass sie ihre Geräte in Packungen aus warmem Pferdemist stellten … Womit ich sagen will: Nichts sollte unterlassen werden, um dafür zu sorgen, dass eine Beziehung ›warm‹ bleibt. Streit und Konflikte sind allemal besser als eisige Höflichkeit und Distanziertheit. Die angenehmste Wärme ist natürlich die Glut der Liebe, der gegenseitigen Anziehungskraft. Wenn diese vorübergehend abflaut, was in jeder Beziehung mehr als einmal, ja sogar regelmäßig vorkommt, ist Reibungswärme immer noch besser als gar keine Wärme. Lassen Sie es ruhig knallen, lassen Sie die Funken fliegen und überspringen.

Doch allzu heftige Auseinandersetzungen sind eine Form von Überhitzung. Die Sache kann anbrennen, wenn wir nicht aufpassen, und wenn zu lange und zu häufig gestritten wird, verkohlt das Material, und es bleibt lediglich schwarzer, verkohlter Glibber übrig.

Wenn Sie also häufig lang andauernde Auseinandersetzungen haben, ist es nützlich, etwas Löschwasser zur Hand zu haben, um die Angelegenheit durch klare Erkenntnisse und Verständnis abzukühlen.

Mein weiser Lehrer Barry Long sagte häufig, dass man ein ›intelligentes Gespräch‹ miteinander führen sollte, ein Gespräch, das dem Ziel der Klärung dient. Vermeiden Sie emotionale Anschuldigungen, Anklagen und Vorwürfe. Öffnen Sie sich für das, was der andere wirklich zu sagen hat, und reagieren Sie offen und ehrlich darauf. Die Ausgangsfrage könnte nach Long folgendermaßen lauten: »Was an meinem Tun ist es, das dich unglücklich macht?« Der andere hat dann gewissermaßen die moralische Pflicht, sich angreifbar zu geben und eine gewisse Selbsterforschung zu betreiben.
»Sei konkret!«, ist der andere grundlegende Ratschlag, den Long seinen Schülern mitgab. Vermeide uneindeutige Anschuldigungen oder Anklagen; sprich präzise und konkret aus, was deiner Meinung nach im Argen liegt. Wenn du es nicht kannst, weil du es nicht genau weißt, dann bist du wahrscheinlich lediglich emotional und hast eigentlich kein echtes Thema zu besprechen. Sage dann lieber gar nichts. Beobachte die Situation und warte ab, bis du in der Lage bist, exakt und sorgfältig zu formulieren, was du sagen möchtest.
Ein ›intelligentes Gespräch‹ könnte dann beispielsweise – etwas humoristisch dargestellt – so verlaufen:
»Mensch, was bist du spät!«
»Habe ich dich damit unglücklich gemacht?«
»Na … nicht wirklich unglücklich oder so, aber ich habe mir schon ein wenig Sorgen gemacht.«
»Worüber hast du dir denn solche Sorgen gemacht?«

»Haha, sehr lustig, das wirst du doch wohl verstehen … zum Beispiel dass du jemand anderem begegnest, den du netter findest …«
»Oh, das war dann sicher unangenehm für dich, dass du davor Angst hattest. Weißt du, es war eben einfach gemütlich, wir hatten es nett zusammen, und dann verfliegt die Zeit.«
»Na ja, eigentlich habe ich mir keine echten Sorgen gemacht. Aber ich habe auf dich gewartet und ich fühlte mich allein. Ich bekam Mitleid mit mir selber, ich dachte: Jetzt hat er es gerade so nett mit den anderen, und ich gehöre nicht dazu …«
»Du saßest da und warst frustriert! Aber natürlich gehörst du dazu, Schatz. Du gehörst zu mir. Komm in meine Arme …«

Wenn Ihr Partner in einem Dramadreieck steckt und Sie überschütten ihn abwechselnd und in rasendem Tempo mit Vorwürfen, Anschuldigungen und Klagen, so können Sie der Sache häufig die Spitze nehmen, indem Sie gewissermaßen nachgeben und ihm etwa so antworten:
»Ja, vielleicht hast du recht.« Oder: »Ja, ich sehe, was du meinst.« Oder auch nur: »Oh!«, »Aha, so steht es also.« Oder: »Ja, ich höre es.« Sie werden jetzt vielleicht denken, dass Sie sich dies in einem Kampf nicht erlauben können, dass Ihr Partner Sie nur umso heftiger angreifen wird und Sie mit seiner Wut und seinem Groll versengen wird. Aber die Erfahrung lehrt, dass Nachgeben und echtes Interesse für die Gefühle des anderen in den meisten Fällen das Feuer tatsächlich dämpft.
Stephen Karpman hat einige Gesprächsregeln formuliert, die als Hilfsmittel betrachtet werden können, wenn man ein

›intelligentes Gespräch‹ führen möchte. Es handelt sich um folgende Regeln:

- Vermeiden Sie die Worte ›immer‹, ›niemals‹, ›total‹ oder andere ›Hundert-Prozent-Ausdrücke‹.
- Tun Sie nicht so, als wüssten Sie besser als Ihr Partner, was er oder sie denkt und fühlt, oder als könnten Sie Gedanken lesen, denn das können Sie nicht. Respektieren Sie das, was der andere über sich selbst sagt, als die Wahrheit.
- Regen Sie sich nicht auf, reagieren Sie nicht emotional.
- Verpassen Sie dem anderen keine Etiketten wie: »Du bist einfach hysterisch / ein Schmutzfink / neurotisch / lasch« und so weiter.
- Drohen Sie nicht: »Ich gehe weg, wenn du so weitermachst …«, »wenn du das verlangst, habe ich keine Lust mehr …«
- Halten Sie das Gespräch einfach und reden Sie nicht über mehrere Themen gleichzeitig. Wärmen Sie keine alten Angelegenheiten auf, schlagen Sie keine Seitenwege ein, hängen Sie keine Nebelvorhänge auf.

Der Grund, warum wir uns in Dramadreiecken verfangen, besteht fast immer darin, dass wir es zu schwierig, zu gefährlich oder zu schmerzhaft finden, uns verwundbar zu zeigen. Wir werden lieber wütend oder sprechen Vorwürfe aus, als offen zuzugeben, wie wichtig unser Partner für uns ist, aus Angst, dass dieser Partner daraus Macht ableiten könnte. So können wir das Dramadreieck eigentlich als ein deutliches

Zeichen werten, dass Sie sich noch immer im Wettbewerb befinden. Ein Machtkampf ist im Gange.

Warum streiten wir um die Macht?
Natürlich in erster Linie deshalb, weil wir eben so beschaffen sind, dass wir den ewigen Kampf der Geschlechter führen, wie ich es oben bereits beschrieb. Wir können nicht anders, unsere sexuelle Identität treibt uns dazu. Außerdem kann man sagen: Weil Sie sich in der Phase der *reductio*, des Verlusts der Idealbilder, befinden.
Auf einer gängigeren psychologischen Ebene spielt außerdem die Tatsache eine Rolle, dass Sie noch nicht genügend Selbstvertrauen entwickelt haben und sich nicht ganz sicher sind, ob Sie in der Lage sein werden, Ihre eigenen Grenzen in dieser Beziehung zu bewachen. Daneben spielt die universale Angst vor Liebesverlust eine Rolle, die Angst, sich für die Liebe zu öffnen und dann im Stich gelassen zu werden, die Verlassensangst: Sie versuchen Ihren Partner unter Kontrolle zu bringen, um dafür zu sorgen, dass er Sie nicht verlässt. Oder Sie versuchen den anderen zu bestechen, zu beschwichtigen, ihm aus dem Weg zu gehen.
Vor allem Frauen haben die Neigung, ihrem Partner mangelnde Liebe vorzuwerfen, statt ihr Bedürfnis nach Zärtlichkeit oder einem freundlichen Wort offen zu formulieren. Zu wissen, was man gefühlsmäßig will, ist die eine Sache, darum zu bitten, eine andere. Aber es ist eine Tatsache, dass Männer im Allgemeinen negativ auf Anschuldigungen reagieren, positiv dagegen auf eine ehrliche Bitte.

Es ist tatsächlich sehr unheimlich, sich in einer Beziehung verwundbar und verletzlich zu geben. Aber gibt es dazu eine Alternative? Nein, eigentlich nicht. Wir sind alle verwundbar. Ein Partner kann uns in der Tat verlassen, sich in einen anderen Menschen verlieben oder sterben. Ja, mehr noch: Jede Beziehung endet früher oder später. Selbst wenn Ihr Partner Sie niemals verlässt, endet das Verhältnis eines Tages, weil Sie selbst sterben. Und für die meisten Frauen ist es sowieso eine statistische Realität, dass sie allein zurückbleiben, denn Männer sterben im Allgemeinen immer noch eher.

Doch alle Liebe, die Sie jetzt schenken, bewirkt, dass Sie später, wenn Sie allein zurückbleiben, weniger Schmerz leiden werden. Wenn Sie gegeben haben, was Sie geben konnten, leiden Sie nicht mehr, sondern weniger, ganz gleich, aus welchem Grund die Beziehung zu Ende gegangen ist.

Je mehr unausgelebte Liebe in einer Beziehung vorhanden ist, je unversöhnlicher die Partner einander dauerhaft gegenüberstanden, je weniger sie bereit gewesen sind, sich weich und verletzlich zu zeigen – umso schmerzhafter wird der Bruch sein, wenn es zu einem solchen kommt. Die Liebe, die Sie in sich hatten, die Sie hätten geben können, die Sie geben wollten, jedoch nicht gegeben haben, diese Liebe schmerzt immer am meisten. Das bedauernde Gefühl, dass in einer Beziehung mehr möglich gewesen wäre, als dabei herauskam, dass Sie Ihren Partner eigentlich liebten und er Sie ebenfalls, doch dass Sie einander nicht wirklich erreichen konnten, das gehört zum Schmerzlichsten neben allem anderen, was nach einem solchen Bruch auf einen zukommt.

Darum ist es oft hilfreich, noch hinterher Ihrem Ex-Partner zu sagen, dass Sie ihn oder sie dennoch geliebt haben oder dass Sie es noch immer tun. Meiner Meinung nach ist dies der wichtigste Grund, warum ›Sex mit dem Ex‹ verführerisch sein kann: Sie spüren, dass in Ihnen noch ein ganzes Reservoir an unausgelebter Liebe zu dieser Person lebt, und Sie wollen diese Liebe immer noch ihrer naturgemäßen Bestimmung zuführen.

Von dem amerikanischen Dichter John Greenleaf Whittier stammt der bekannte Satz: »*Of all sad words of tongue or pen, the saddest are these: It might have been.* – Von allen traurigen Worten, die man sagen oder schreiben kann, sind dies wohl die allertraurigsten: Es wäre möglich gewesen.« Und dies gilt besonders stark für Liebesbeziehungen. Liebe ist da, um gegeben zu werden, und alle Liebe, die Sie hätten geben können, doch nicht gegeben haben, schmerzt. Ein Grund mehr, in der Beziehung, die Sie jetzt führen, so viel Liebe wie möglich zu realisieren.

Gleichmäßige, kontinuierliche Wärme ist dem alchemistischen Prozess einer Beziehung am zuträglichsten, wenn er gedeihlich und erfolgreich verlaufen soll. Und eines der herrlichsten Mittel, die Wärme im Prozess zu halten, ist ein blühendes Liebesleben.

8 Löse und verbinde

Solve et coagula – Löse und verbinde.
Arbeiten Sie bewusst mit der Scheide- und Bindekunst des Liebeslebens, mit der Chemie.
Kehren Sie die Richtung des Energiestroms um.
Und geben Sie auch diesem Prozess seine Zeit.

Vor einiger Zeit befand ich mich auf einem Flughafen vor einem Interkontinentalflug. Auf dem Weg zu meinem Gate kam ich an einem Massagestand vorbei. Dort konnte man fünfzehn Minuten Sitzmassage für wenig Geld bekommen. Es schien mir eine gute Idee, weil ich sehr angespannt war. Ein blasser asiatischer junger Mann stand mir Rede und Antwort, alle anderen Masseure hatten zu viel zu tun. Er sprach so leise, dass ich ihn kaum verstehen konnte. Und er hatte kleine Hände, wie ich sah. Er sah eigentlich überhaupt nicht wie ein guter Masseur aus, sodass ich schon von vornherein enttäuscht war. Wie sollte dieses Männchen meine angespannten Schultern entkrampfen? Aber ich hatte A gesagt, jetzt musste ich auch B sagen.
Es wurde eine wunderbare Massage. In diesen kleinen Händen steckte eine große Kraft. Ich entspannte mich und genoss in vollen Zügen. Hinterher betrachtete ich den jungen Mann mit völlig anderen Augen. Was für ein netter Mensch! Es war, als wäre reine Liebe aus seinen Händen geströmt und in meine Schultern geflossen. Es war tatsächlich Liebe entstanden, dort in der Massageecke, denn ich spürte nun deutlich Liebe zu ihm.

Viele Menschen, die sich massieren lassen, kennen diesen Effekt. Es geschieht etwas im Kontakt zwischen demjenigen, der berührt, und demjenigen, der berührt wird. Es entsteht Liebe, Zuneigung, ein warmes Gefühl. Häufig bauen Menschen eine intime Vertrauensbeziehung zu ihrem Masseur auf.
In ihrem Buch *The Oxytocin-Factor* fasst die schwedische Universitätsprofessorin für Physiologie Kerstin Uvnäs Moberg den heutigen Wissensstand in Bezug auf die körperlichen Hintergründe dieses Effekts zusammen. Rhythmische Berührung, Hautkontakt und Streicheln regen im Körper die Bildung von Oxitocin an, einem Hormon, das Moberg als »das Hormon der Entschleunigung, Heilung und Verbundenheit« bezeichnet.
Wir wissen heute ziemlich viel über Stresshormone, schreibt sie, wie zum Beispiel Adrenalin und Cortisol, Hormone, die in unserem Körper produziert werden, wenn etwas geschieht, vor dem wir fliehen oder wogegen wir kämpfen wollen. Aber neben diesem Kampfabwehr- und Fluchtsystem gibt es in uns noch ein weiteres hormonales System: das System der Ruhe und der Verbundenheit. Oxitocin spielt eine wichtige Rolle in all unseren Beziehungen, angefangen bei den oberflächlichsten sozialen Kontakten bis hin zur tiefsten Intimität.

Solve et coagula – Löse und verbinde, sagten die Alchemisten, und auch eine Beziehung ist rein körperlich betrachtet eine Angelegenheit der Scheide- und Bindekunst. Im Englischen und im Deutschen sprechen die Menschen über die ›Chemie‹ einer Beziehung. Unsere Gefühle und Taten stehen in engem Zusammenhang mit allen möglichen chemischen Stoffen in unserem Körper.

Oxitocin wurde vor ungefähr einem halben Jahrhundert in der Hypophyse, einer Hormondrüse im Gehirn, entdeckt. Die Substanz bekam ihren Namen vom Griechischen *oxys* (schnell) und *tokos* (Geburt), weil sie auch die Wehen in Gang setzt und dafür sorgt, dass Geburten schneller verlaufen. Später entdeckte man, dass dieser Stoff auch dafür sorgt, dass die Muttermilch einschießt. Doch inzwischen ist bekannt, dass Oxitocin nicht nur bei gebärenden und stillenden Frauen eine Rolle spielt, sondern von allen Menschen, Männern, Frauen und Kindern produziert wird, und dass es einen engen Zusammenhang zeigt mit dem Gefühl der Verbundenheit, Entspannung, Harmonie und Liebe.

Oxitocin ist also das Liebeshormon par excellence. Wärme, Berührung, Massage, rhythmische Bewegung und unterstützende und freundliche Worte erhöhen die Oxitocin-Konzentration in unserem Blut. In Versuchen mit Ratten stellte sich heraus, dass der Effekt von Oxitocin bei den weiblichen Tieren stärker ist als bei den männlichen; dies beruht darauf, dass das weibliche Hormon Östrogen die Wirkung des Oxitocins verstärkt. Männchen sowie weibliche Ratten ohne Eierstöcke benötigen eine doppelte Dosis Oxitocin, um denselben Effekt zu erreichen.

Auch die Menschenfrauen sind empfindlicher dafür als die Menschenmänner, vor allem Frauen im fruchtbaren Alter, aufgrund ihres Östrogens. Man kann die Sache natürlich auch umdrehen: Männer benötigen mehr Streicheleinheiten, mehr liebevolle Aufmerksamkeit und Berührung als Frauen, um sich zu öffnen und zu binden. Und das ist etwas, was die meisten Frauen intuitiv längst wissen.

Oxitocin trägt dazu bei, dass Menschen untereinander ein emotionales Band schmieden. Babys und Kinder, die liebevoll berührt werden, gedeihen besser. Beziehungen, in denen Menschen einander häufig berühren, sind haltbarer als Beziehungen, in denen dieses nicht oder nur selten geschieht. Eine Studie zeigte sogar auf, dass Menschen ihre Bücher häufiger rechtzeitig zur Bibliothek zurückbringen, wenn sie beim Abholen leicht von der Bibliothekarin berührt worden waren! Selbst ein ganz flüchtiger Körperkontakt stimuliert also bereits emotionale Verbundenheit. »Ein Mensch, der berührt worden ist, wird viel schneller tun, was er versprochen hat«, schreibt Moberg wörtlich. Darum geben wir einander vielleicht auch bei einer Begegnung die Hand. Nicht nur, um damit zu zeigen, dass wir keine Waffen tragen, sondern auch, um auf der hormonalen Ebene Vertrauen zueinander zu erwecken.

Und die gute Nachricht dabei: Der Effekt tritt nicht nur bei der Person auf, die berührt wird, sondern ebenso bei demjenigen, der berührt. Wenn Sie also Ihrem Partner oder Ihrer Partnerin eine Fuß- oder Schultermassage geben, profitieren Sie selbst ebenfalls davon, es spielt keine Rolle, wer von den beiden aktiv handelnd ist. Das Streicheln und Streichen ist für beide Partner gut, es regt bei beiden die Bildung von Oxitocin an.

Dies erinnert an die berühmte Szene in dem Film *Pulp Fiction,* in der John Travolta und Samuel L. Jackson sich über Fußmassagen unterhalten. Jackson behauptet hartnäckig, dass an einer Fußmassage nichts Erotisches sei; ja er verabreiche sie sogar seiner eigenen Mutter. Travolta dagegen erklärt, dass eine Fußmassage auf derselben Ebene anzusiedeln sei wie Oralsex. Er hat vielleicht einer Million von Frauen eine Million Fußmassagen verpasst, prahlt er, und jede Einzelne von ihnen bedeutete ihm etwas. »Ihr tut beide so, als ob nichts geschieht, und doch geschieht etwas, das ist das Coole daran«, erklärt er. Als Jackson dies immer noch nicht glauben will, fragt sein Partner ihn rein rhetorisch, ob er denn bereit wäre, einem anderen *Mann* eine Fußmassage zu verpassen. Jackson flucht. Er muss dem anderen recht geben.

Diese Unterhaltung ist nicht ohne Grund berühmt geworden. Es ist spannend, zwei Auftragskiller über etwas reden zu hören, was solche subtilen, zärtlichen Gefühle weckt. Die Geschichte des Films und das Leben der beiden Hauptpersonen hat eigentlich viel mehr mit dem Kampf- und Fluchthormon Adrenalin und dem Erregungshormon Dopamin zu tun. Der Kontrast zum Oxitocin-Effekt einer Fußmassage ist daher denkbar groß ...

Auch in der Praxis der heute so populär gewordenen tantrischen Liebe spielen Liebeshormone eine Rolle. Tantra steht für eine Art des Liebesspiels, bei der es nicht primär darum geht, in Erregung zu geraten und schließlich zum Orgasmus zu kommen, sondern um den Kontakt und den Austausch von männlicher und weiblicher Energie.

Die Art und Weise, wie Menschen sich körperlich lieben, so der Tantra-Trainer Jan den Boer, hat einen großen Einfluss auf die Hormone, die sie produzieren und an die sie sich gewöhnen. Und umgekehrt. Das Ganze ist ein komplizierter Zusammenhang, und die Wissenschaft weiß immer noch nicht genau, wie die unterschiedlichen Hormone aufeinander und auf unsere Gefühle einwirken. Aber es sieht so aus, als spiele bei normalem Sex das Hormon Dopamin eine dominierende Rolle. Dies ist das Hormon der Erregung und der dazugehörenden Entladung.

Sexsucht ist nach den Boer als eine Art Dopamin-Abhängigkeit zu betrachten. Ein Sexsüchtiger braucht immer stärkere Reize, um seinen Dopamin-Shot zu erhalten. Dies führt konsequenterweise immer mehr zu einem stark orgasmusorientierten Geschlechtsverkehr, und dies ist für den Partner im Allgemeinen nicht angenehm. Er kann sich gebraucht, ja missbraucht fühlen, wenn er primär als ein Objekt behandelt wird, das dem anderen zum Orgasmus verhilft …

Wenn der eine Partner immer mehr Sex will und der andere sich deswegen zurückzieht, steckt häufig eine solche Dopamin-Sucht dahinter, so den Boer. Der Partner, der frustriert zurückbleibt, fühlt, dass es dem anderen nicht um Liebe geht, sondern vielmehr um den zwanghaften und egozentrischen Drang nach Erregung und Entladung. Auch sexuelle Untreue hängt mit diesem Hormon zusammen: Beim Sex mit einem neuen Partner wird leichter Dopamin freigesetzt als beim Sex mit dem eigenen, vertrauten Partner.

Nach einem Orgasmus produzieren sowohl Männer wie Frauen Prolaktin, und dies wiederum hat zur Folge, dass das sexuelle Begehren abnimmt. Man hat vorübergehend keine Lust – manchmal hat man sogar einen *Sexkater*, man fühlt sich leer und unwohl, und der Partner irritiert einen in dieser Verfassung leichter.

Oxitocin dagegen führt niemals zu Irritationen, Kater oder Sucht. Im Gegenteil, es stärkt vielmehr das Band in einer dauerhaften, monogamen und intimen Beziehung.

»Der Nachteil des Oxitocins besteht darin, dass man es nur erfährt, wenn man sehr sensibel wird«, sagte den Boer mir einmal, als ich ihn interviewte. Wenn Menschen dopaminabhängig sind, ist es nicht einfach, auf eine andere Art des sexuellen Miteinanders umzuschalten. »Man muss sich des

Dopamins entwöhnen, und das bedeutet: Entzugserscheinungen. Man spürt zunächst überhaupt nichts, keine Erregung mehr und auch noch keine Zärtlichkeit. Die Phase des Nicht-Fühlens ist sehr schwer, vor allem für Männer. Man muss sich die Zeit nehmen, bei der geschlechtlichen Vereinigung einmal gar nichts zu tun, und darauf vertrauen, dass man im Laufe der Zeit wieder sensibler wird, wenn man damit weitermacht.«

Auch beim Tantra geht es mehr um Oxitocin als um Dopamin. Tantrische oder taoistische Sexualität ist die bewusste Integration von männlicher und weiblicher Energie. Tantrische Liebe könnte man auch als die alchemistische Liebe bezeichnen, denn auch hier ist das Ziel nicht ein Orgasmus, sondern eine *conversio oppositorum*, eine Transformation von Energien durch das Eingehen einer tiefen Verbindung und das Absorbieren der Energie der jeweils anderen Partei.

In der üblichen sexuellen Begegnung verläuft der Energiestrom durch die beiden Partner folgendermaßen: Die Frau ist emotional vor allem auf den Mann orientiert, und aus ihrem Herzbereich strömt liebevolle Energie zu seinem Herzen hinüber. Aus seinem Herzen strömt diese Energie hinunter in seine Geschlechtsorgane; sein Engagement äußert sich vor allem in seinen Taten. Durch seinen Penis gibt er die Energie weiter an das Geschlechtsorgan der Frau. Dies tut er, indem er sie sexuell erregt und schließlich in ihr ejakuliert. Aus der Vagina und Gebärmutter der Frau strömt die Energie wieder hinauf ins Herz, und so kann der Kreis sich schließen. Es ist der Energiezyklus der Fruchtbarkeit, die körperliche Seite der Verbindung von Mann und Frau. Daran ist nichts Falsches – doch es ist nur eine Möglichkeit von mehreren.

In der tantrischen Liebe versucht man gemeinsam, einen entgegengesetzten Energiezyklus zu bilden. Das heißt, der Mann absorbiert dann mit seinem Penis Energie aus der Vagina der Frau, und diese strömt hinauf in sein Herz. Aus seinem Herzen strömt die Energie zum Herzen der Frau hinüber und von dort wieder in ihr Geschlecht. Dies ist der Energiezyklus der spirituellen Liebe, die ›höhere‹ oder sublimierte Verbindung zwischen dem Männlichen und dem Weiblichen.

Der bereits erwähnte Barry Long spricht in seinem Buch *Sexuelle Liebe auf göttliche Weise* darüber, wie wichtig es dabei ist, dass es einem Mann gelingt, diese »wunderbaren göttlichen intensiven Energien« auszulösen und zu absorbieren, die sich in den Tiefen der Vagina, dem innersten Heiligtum der Liebe, befinden. Sie ist eigentlich die Energie, nach der ein Mann sich ewig sehnt. Und Frauen sehnen sich danach, ihrem Mann diese Energie zu geben – sie sind erst dann erfüllt und glücklich, wenn sie dies tun können. Doch eine Frau kann ihrem Mann nur etwas *geben,* was er auch *empfangen* kann. Um diese Empfänglichkeit zu entwickeln, geht es darum, sich voll im Hier und Jetzt zu erleben und sich nicht durch die Aussicht auf einen nahenden Orgasmus in Erregung versetzen zu lassen. Dieser sensible Prozess kann hier nur angedeutet werden. Wenn man diese Art der Vereinigung lang genug fortsetzt, kommt irgendwann der Moment, in dem sich Genuss in Schönheit verwandelt. Die Frau wird dadurch weiblicher, schöner und liebevoller. Und der Mann wird ›männlicher‹: In dem Maße, wie der Mann weniger von seiner Erregung abhängig ist, beginnt er im Jetzt zu wachsen, und es tritt ein neues Gefühl der Beherrschung und der Autorität in sein Leben, so Barry Long.

Für Männer bedeutet das konkret, dass sie lernen müssen, beim Geschlechtsverkehr nicht stets an eine mögliche nahende Ejakulation zu denken. Die männliche Sexualität wird sublimiert, da sie jetzt dem Ziel dient, Liebe zu geben, mit der Frau in eine tiefere Verbindung zu treten und ihr Genuss zu schenken.

Für Frauen bedeutet tantrische Liebe, dass sie ohnehin jeden Versuch, ihren Mann emotional zu vereinnahmen und sexuell zu manipulieren, aufgeben müssen. Sie müssen die Kontrolle über ihn und die Art und Weise, wie er sich verhält, loslassen und sich seiner Liebe hingeben. Es gibt viele Frauen, denen dies missfällt. Sie empfinden gerade dann Befriedigung, wenn ihre Männer nach dem entscheidenden Moment willenlos und in totaler Hingabe in ihren Armen liegen. Denn das verstärkt ihre Macht über sie und ihre Überlegenheit. Die Frau muss also bereits ein wenig fortgeschritten sein im Erkennen und Unschädlichmachen des Drachen in ihrer Seele, wenn sie den Schritt zur tantrischen Liebe machen möchte.

Wenn man sich für eine derartige Umkehrung der bisherigen Verhaltensweisen entscheidet, beginnt ein langer und tief greifender Umwandlungsprozess, so meine Erfahrung, in dem sich ebenfalls eine schwarze, eine weiße und eine rote Phase voneinander unterscheiden lassen. In der schwarzen Phase bemerken Sie, dass Sie mit ihrem bisherigen sexuellen Leben nicht mehr völlig glücklich sind, und es gelingt Ihnen, Ihre Unzufriedenheit zu artikulieren. Dies ist häufig schwierig und schmerzhaft. Für den Partner kann sich das wie eine Art Verrat ausnehmen: Man hatte zusammen einen *modus vivendi* aufgebaut, eine Form, in der die Beziehung funktionierte, und jetzt kommt der Partner und erzählt, dass sie nicht befriedigend funktioniert. Versuchen Sie dies nicht allzu persönlich auszusprechen bzw. aufzufassen – unzählige Paare kämpfen mit exakt demselben Problem. Es ist eine universelle Tatsache, die in unserer Zeit geradezu epidemische Ausmaße annimmt. Es kann eine ganze Weile dauern, bis Sie Ihren Partner davon überzeugt haben, dass es gut wäre, vor allem aber, dass es durchaus möglich ist, das Ruder herumzureißen.

In der weißen Phase beginnen Sie, gemeinsam an der Verwandlung dieser Gewohnheiten zu arbeiten. Vielleicht befassen Sie sich mit den Hintergründen, Sie lesen Bücher oder besuchen Kurse. Oder Sie leben nach dem ganz einfachen Motto: Wir wollen von jetzt an nicht mehr mit dem Ziel miteinander schlafen, einen Orgasmus zu erreichen, sondern es geht uns vor allem um den liebevollen Kontakt. Wie die Praxis zeigt, ist dies schon schwierig genug. Emotional ändert sich enorm viel, wenn man damit aufhört, sich selbst und den Partner so stark wie möglich zu erregen. Erregung fungiert nämlich wie eine Art Maske, hinter der man sich verstecken kann. Eine erregende Portion Sex ist wie ein Theaterstück, in dem man sich emotional keine Blöße zu geben braucht. Beenden Sie dies, werden Sie sich plötzlich und unerwartet in emotionaler Hinsicht nackt und verletzlich fühlen.

Dafür entsteht eine Art Leere, ein freier Raum. Den werden Sie zunächst wahrscheinlich durch Reden füllen wollen. Sie werden analysierende und erklärende Gespräche führen, während oder nach der Vereinigung. Dadurch entwickeln Sie allmählich beide eine neue Sensibilität. Sie lernen einander körperlich ganz subtil neu zu spüren. Es zeigt sich, dass vor allem Männer sehr wohl in der Lage sind, überraschend gut abzuspüren, was im Körper ihrer Frau geschieht.

Diese weiße Phase kann einige Zeit dauern, manchmal sogar Jahre, und man kann dabei durchaus ungeduldig werden. Es scheint sich so wenig zu verändern. Doch dann entwickelt sich ein immer klareres Bewusstsein; wenn man so will, könnte man diese Art des sexuellen Lebens durchaus als ›heiter‹ bezeichnen. Doch der Umgang miteinander kann andererseits auch etwas Klinisches, Unnatürliches annehmen. Dann fragt man sich, ob dies wirklich so sein und immer so bleiben muss.
Verzweifeln Sie nicht. Früher oder später wird die weiße Phase in die rote Phase übergehen, in der eine neue Wärme zu strömen beginnt. Sie können entspannt miteinander scherzen, denn Sie spüren sich. Ihr Kontakt wird geschmeidig und unproblematisch. Es entsteht eine Zartheit, eine Zärtlichkeit, die Sie überraschen wird. Die Liebe erhält einen neuen Impuls. Sie beginnen konkret zu erfahren, dass Sie bei jeder Vereinigung tatsächlich mehr Liebe produzieren, mehr als gestern, weniger als morgen. Der Effekt ist ein fortwährendes Gefühl des Wohlbehagens, ja des Luxus, eine subtile Art von Begeisterung oder Inspiration. Es ist der angenehme Nachklang einer wunderbaren Liebesvereinigung, es ist das Wissen, dass Sie zusammen mit Ihrem Partner in der Lage sind, Liebe hervorzubringen, wann immer Sie wollen.

Eine derartige Umkehr der gewohnten Praxis ist heute noch schwierig. Sie ist relativ neu in der Geschichte der Menschheit. Natürlich gab es im Laufe der Jahrhunderte immer wieder Gruppierungen, die diese Art der Transformation pflegten, nicht nur in Asien, sondern auch in anderen Gebieten, sogar im Westen. Doch dabei handelte es sich um relativ kleine exklusive Gruppierungen von ›Eingeweihten‹. Sie wurden durchweg streng reguliert und waren nach hierarchischen Regeln organisiert, oder sie standen unter der Führung irgendeines charismatischen Gurus. Nun tauchen derartige Praktiken im kulturellen Mainstream auf. Plötzlich können normale Menschen wie Sie und ich ihre Sexualität spiritueller gestalten, individuell und in unseren eigenen Beziehungen. Es handelt sich gewissermaßen um eine Neuschöpfung, einen kreativen Prozess, durch den etwas Neues in die Welt kommt. Die Menschen, die sich heute damit befassen, sind noch Pioniere. Und so bleibt es nicht aus, dass in einer solchen Anfangsphase auch viel Unsinn darüber erzählt und geschrieben wird, wenn auch häufig mit besten Absichten. Auch sehen wir Tendenzen der Vulgarisierung und Kommerzialisierung. Ein Blick ins Internet genügt, und Sie werden darauf stoßen. Es gibt auch Strömungen, die empfehlen, die Sexualenergie, die mit tantrischen Übungen erweckt wird, für magische Zwecke einzusetzen. All dies sind Symptome einer Anfangszeit, aus diesem kreativen Chaos wird allmählich eine neue Sexualität zum Vorschein kommen.

Dies bedeutet zugleich, dass die Ausbildung solcher Fähigkeiten in der Zukunft einfacher sein wird. Jeder Erfolg, den wir verbuchen, hilft anderen Menschen in der Zukunft, dasselbe mit weniger Mühe zu tun. Als Liebesalchemisten bahnen Sie den Weg für zahllose andere, die nach Ihnen kommen. Möglicherweise wird diese spirituelle Form der Sexualität die heutige materialistische Gestalt von ihrem Sockel stürzen. Doch dies kann noch einige Zeit dauern.

Bis dahin geht es darum, die Retorte Ihrer Beziehung gut geschlossen zu halten, damit Sie keine kostbare Energie verlieren. Lesen Sie im nächsten Kapitel, was mit diesem Bild gemeint ist.

9 Halte die Retorte geschlossen

Lassen Sie keine Energie aus der Retorte sickern; schützen Sie ihre Beziehung vor Dritten.

Bei Weitem die meisten Menschen finden sexuelle Treue in einer Beziehung wichtig: Den meisten Studien zufolge sind es gut achtzig bis neunzig Prozent. Nicht jeder weiß, dass es genauso wichtig ist, seinem Partner auch in dem treu zu bleiben, was man anderen über ihn oder sie erzählt. Flirten oder Sex mit anderen Menschen führt zu einem Loch in der Retorte, die Ihre alchemistische Beziehung enthält. Auch Klagen, Tratsch oder das Weitererzählen indiskreter Details führen dazu. Die Energie der Beziehung wird dadurch geschwächt, und gerade diese Energie brauchen wir besonders, wenn wir aus Blei Gold machen wollen.

Die Retorte unserer Beziehung sollten wir lieber hermetisch geschlossen halten. Das Wort ›hermetisch‹ kommt von Hermes Trismegistos, dem dreimal großen Hermes, dem göttlichen Weisheitslehrer aus der Antike, der im Allgemeinen als der Begründer der Alchemie gesehen wird. Es handelt sich um eine mythische Figur, die gleichwohl als Autor zahlloser Schriften galt, die unter seinem Namen im Umlauf waren.

Diese Texte waren nur für ›Eingeweihte‹ bestimmt und Laien unverständlich. Deswegen wurden sie als ›hermetisch‹ bezeichnet: geheimnisvoll, dem Rest der Welt verschlossen. Der Ausdruck ›hermetisch geschlossen‹ hat im Laufe der Zeit eine andere Bedeutung angenommen: völlig luftdicht abgeschlossen. Es gibt viele chemische Experimente, die in einem luftdichten Raum stattfinden müssen, weil sonst der Sauerstoff und andere Elemente, die die Luft enthält, die Reaktionen beeinflussen können.

In der Alchemie der Liebe bedeutet eine ›hermetisch geschlossene Beziehung‹, dass die knisternde Verbindung zwischen zwei gegensätzlichen Polen gegen Dritte geschützt wird, die das Experiment stören könnten.
Dies impliziert, dass die Intimität zwischen den beiden Liebenden lediglich den beteiligten Partnern selbst vorbehalten bleibt, den in sie ›Eingeweihten‹ also, und den geschützten Innenbereich, die ›Retorte‹, nicht verlässt. Sexuelle Treue ist dabei etwas Selbstverständliches. Jedes Mal, wenn wir mit einem anderen Partner als dem eigenen einen sexuell motivierten Kontakt eingehen, ›leckt‹ gewissermaßen sexuelle Energie aus der Retorte, und wir können diese dann nicht mehr dafür einsetzen, um mit unserem Partner den beschriebenen Transformationsprozess anzugehen, durch den wir unseren eigenen Drachen oder Roboter demaskieren. Die Folge ist, dass der gesamte Prozess stagniert oder verkümmert, und dass der Drache und der Roboter stärker werden, sodass wir früher oder später in unserer Beziehung emotionale Probleme bekommen werden. Selbst wenn Ihr Partner nichts von Ihrer Untreue erfährt, wird er dennoch höchstwahrscheinlich emotional reagieren – erbost, lamentierend oder vorwurfsvoll. Und ein ›intelligentes Gespräch‹ wird sich als äußerst schwer erweisen, weil Sie etwas zu verbergen haben.
Auch das Konsumieren pornografischer Inhalte ist übrigens, alchemistisch betrachtet, eine Form der Untreue. Jedes Mal, wenn Sie sich durch Pornografie erregen und befriedigen

lassen, verstärken Sie den Roboter (in Mann oder Frau) und schwächen damit Ihre alchemistische Kraft.
Wie gesagt, auch dadurch, dass Sie intime Details über Ihren Partner oder Ihre Partnerin Freunden und Freundinnen weitererzählen, kann die Retorte undicht werden, genauso übrigens wie durch Klagen oder Tratsch. Entscheidend ist, mit welcher Intention Sie dies tun. Wenn Sie ein Fehlverhalten Ihres Partners gegenüber Dritten darstellen, um sich selbst zu rechtfertigen, Mitgefühl hervorzurufen oder die Bestätigung zu erhalten, dass dieser Partner Sie schlecht behandelt und Sie demnach ein Recht auf ›Rache‹ haben, so hat dies ungefähr denselben Effekt wie Untreue oder der Konsum von pornografischen Inhalten. Sie verstärken damit den Drachen und es wird schwieriger, ihn zu zähmen.
Was Sie zu sagen haben, sollten Sie dem betreffenden Partner selbst sagen und nicht irgendwelchen Außenstehenden. Wenn Sie es tatsächlich nicht mehr aushalten, sollten Sie sich wenigstens jemanden aussuchen, der Ihrem Partner mit genauso viel Sympathie gegenübersteht wie Ihnen selbst und der Sie gewissermaßen auf Ihren Partner zurückverweist, jemand, der Sie mit sich selbst konfrontiert, der sich nicht von Ihren Klagen oder Anschuldigungen mitreißen lässt.
In ihrem Buch *Not Just Friends* gibt die amerikanische Paartherapeutin Shirley Glass den Rat, die Fenster zum Partner weit zu öffnen, um sich selbst und den Partner herum jedoch Mauern aufzubauen, die die Beziehung gegen alle anderen, wie teuer sie einem auch sein mögen, abschirmt. Die Fenster öffnen beinhaltet: alles, was sich auf diesem Gebiet abspielt, offen und ehrlich zu zweit besprechen. Mauern zwischen Ihrer Beziehung und dem Rest der Welt zu errichten beinhaltet, dass Sie Außenstehenden gegenüber nicht unnötig

intime Details enthüllen. Lediglich ›Freunde der Ehe‹, wie Glass es nennt, das heißt, Menschen, bei denen Sie sich sicher sein können, dass sie warmherzige Befürworter Ihrer Beziehung sind, Menschen, die an Treue und Beständigkeit glauben und niemals den einen gegen den anderen aufwiegeln würden, kommen als Ratgeber in Betracht. Und selbst ihnen gegenüber soll man eine gewisse Zurückhaltung walten lassen.

Flirten Sie nicht, sagt Glass, denn damit laden Sie einen Dritten faktisch zur Untreue ein, selbst wenn Sie dies überhaupt nicht vorhaben. Fantasieren Sie auch nicht über Seitensprünge oder Sex mit anderen. Hängen Sie nicht den großen Tröster oder die große Trösterin heraus, die gerne ihren einsamen Freund oder Freundin während intimer Abendessen zu zweit oder durch gemeinsames Ausgehen aufheitern möchten. Wenn jemand Sie um Hilfe bittet, so sollten Sie dieser Person immer mit Ihrem Partner oder Ihrer Partnerin zusammen begegnen. Schreiben und akzeptieren Sie niemals E-Mails, die Ihr Partner nicht ebenfalls lesen darf.

Das alles klingt vielleicht ein wenig gewollt, und natürlich kann man seinem Partner solche Regeln nicht vorschreiben. Doch man kann versuchen, selbst in ihrem Sinne zu leben. Doch auch dann gilt: Vergeben Sie sich, wenn es Ihnen nicht gelingt. Akzeptieren Sie Ihre eigene Unvollkommenheit, so wie Sie auch die Ihres Partners oder Ihrer Partnerin akzeptieren.

In einem alchemistischen Prozess werden Sie entdecken, dass Sie von selbst, ganz von innen her, immer stärker die Neigung entwickeln werden, die Retorte hermetisch abzuschließen. Das Flirten verliert dann seinen Glanz, und es wird immer uninteressanter, über Ihren Partner zu klagen oder herzuziehen. Das Fenster zum anderen zu öffnen, bedeutet dasselbe wie das Führen eines intelligenten und klärenden Gesprächs. Und die Mauern, die Ihre Beziehung schützen sollen, werden sich auf ganz natürliche Weise bilden und wachsen, wie blühende Rosensträucher in einem romantischen Garten.

10 Bete und arbeite

Ora et labora – Bete und arbeite –
und zwar genau in dieser Reihenfolge.
Sich geistig zu entwickeln, ist der Schlüssel
zu einer glücklichen Beziehung.
Kümmern Sie sich nicht um die Fehler und Mängel
Ihres Partners oder in Ihrer Beziehung,
sondern konzentrieren Sie sich auf Ihre tiefste Sehnsucht,
die Sehnsucht nach dem Unendlichen.

Vor einigen Jahren hatte ich einen außergewöhnlichen Traum. Später stellte sich heraus, dass es ein prophetischer Traum war: Er handelte von der Begegnung mit meinem Lehrer Barry Long, ein halbes Jahr, bevor ich ihn zum ersten Mal sprechen hörte, und neun Monate, bevor ich ihm dann wirklich begegnet bin.

In diesem Traum stehe ich vor einem Buchladen und möchte eintreten, denn dort drinnen gibt es einen lebendigen Buddha. Ich darf jedoch erst hineingehen, nachdem jemand die Uhrzeiger genau auf zwölf Uhr gestellt hat. Drinnen ist tatsächlich der lebende Buddha, und um ihn herum wird getanzt. Ich möchte auch gerne tanzen und blicke mich um, ob ich meinen Tanzpartner finden kann. Eine ganze Reihe von Männern zieht an mir vorbei, doch keiner von allen ist mein Partner. Schließlich tanze ich doch. Mein Tanzpartner ist ein großer, blasser, nackter Mann. Es ist – der Tod.

Barry Long begegnete ich im darauf folgenden Jahr, es war tatsächlich in einem Buchladen. Es zeigte sich, dass er einmal gesagt hatte, dass man die Zeiger der inneren Uhr auf zwölf stellen soll, als Metapher für die Entwicklung eines in sich geschlossenen, stillen Bewusstseins. Tanzen ist ein Traumsymbol für Sexualität, und Long sprach und schrieb als tantrischer Lehrer häufig und beeindruckend über dieses Thema. Es war untrennbar mit den anderen Themen seiner *Teachings* verbunden, die man mit dem niederländischen Titel eines seiner Bücher zusammenfassen könnte: *Sterben, um zu leben.* Das Sterben im ›Selbst‹ beinhaltet unter anderem, dass man all seine Ideen, Theorien, Fixierungen und Vorurteile loslässt und ›der Situation treu bleibt‹, wie Long es ausdrückte, dem Hier und Jetzt also. Sterben, um zu *lieben,* bedeutet, dass man all seine Vorstellungen von dem idealen Partner loslässt und mit dem tanzt, was *ist,* im Hier und Jetzt. Der Traum erzählte mir, dass ich erst genau dann meinen Partner finden würde, wenn ich dazu bereit wäre: alle meine Wünsche, Listen, Pläne, Ängste und Sehnsüchte in der Liebe im Hier und Jetzt zur Seite zu schieben.

Nachdem ich diesen Traum gehabt hatte, durchlebte ich noch einige Liebesbeziehungen, die ›misslangen‹: Die Liebe wuchs nicht, sondern sie nahm ab durch die zahllosen Konflikte, und letztendlich war nicht mehr viel übrig, womit ich weitergehen konnte. Nach dem soundsovielten schmerzhaften Bruch glaubte ich, dass meine letzte Chance auf Liebe verspielt sei. Dies führte zu einem heftigen Gefühl der Trauer und des Bedauerns, das einige Monate lang andauerte. Doch danach ging es mir allmählich wieder besser. So schlimm war es nicht, entschied ich, den Rest meines Lebens eben allein zu bleiben. Ich hatte meine Kinder, meine Arbeit, meinen Hund, meine Freunde; ich führte ein gutes und erfülltes Leben, und ich war damit zufrieden.

Sie können sicher erraten, was dann kam …
Nicht sofort, doch einige Jahre später verbündeten sich das Leben und die Liebe miteinander, um mich mit meinem heutigen Partner in Kontakt zu bringen. Es funkte sofort zwischen uns, wir waren voneinander begeistert und dankten unseren Schutzengeln, dass sie uns zusammengeführt hatten.
Schon rasch nach unserer ersten Begegnung erzählte ich ihm, wie ich über die Liebe dachte. Eine Beziehung führe man nicht zum Spaß, sagte ich, sondern um sich zu entwickeln. Der Spaß, die Freude in der Beziehung ist eher wie eine Art Netz, durch das man in die Beziehung hineinschwimmt. Man denkt: Schön, jetzt kann ich es genießen, mit dieser Person wird mein Leben wunderbar! Diese Überzeugung ist notwendig, um überhaupt dafür zu sorgen, dass wir die Beziehung eingehen. Danach sind wir an sie gebunden, dann müssen wir, ob wir wollen oder nicht, unseren Prozess fortsetzen. Freude und Spaß sind zwar wichtig, denn sie fungieren wie eine Art Netz, durch das die Beziehung zusammengehalten wird. Dieses Netz muss heil bleiben, jedenfalls heil genug, um die Partner zusammenzuhalten. Wenn größere Löcher entstehen, wenn also die Beziehung zu schwierig, zu kompliziert oder zu unerquicklich wird, wird es meistens darauf hinauslaufen, dass einer der beiden aus dem Netz entwischt, und dann ist die Beziehung zu Ende. Also müssen wir dafür sorgen, dass sie ausreichend schön bleibt. Doch dort drinnen, innerhalb des Netzes geht es um etwas anderes. Das eigentliche Ziel jeder Beziehung ist innere Entwicklung, geistiges Wachstum.
»Top!«, sagte mein Freund. »Darauf gehe ich ein«, und er hielt seine rechte Hand hoch, um mit einem *High five* unsere Abmachung zu besiegeln.

Wenn man gemeinsam mit anderen Menschen Musik macht oder in einem Chor singt, kann man etwas Wichtiges über Beziehungen lernen: Gemeinsam eine Harmonie erreichen kann man nur, wenn man selbst gut in sich gegründet ist. Anfänger lassen sich leicht durch die Stimmen um sich herum verwirren. Man ist erst dann ein gutes Orchester- oder Chormitglied, wenn man seine eigene Stimme einwandfrei beherrscht und nicht von der Musik, die die anderen machen, aus dem Takt gebracht wird.
Genauso ist es in einer Beziehung. Je stärker wir in Harmonie mit uns selbst sind, umso besser können wir in Harmonie mit unserem Partner zusammenleben. Und das ist Übungssache.
Als ich 53 Jahre alt war, begann ich, Klavierstunden zu nehmen. Beim ersten Mal, als meine linke Hand etwas anderes als die rechte spielen sollte, dachte ich zunächst, ich würde verrückt, es war, als würde mein Gehirn in der Mitte durchtrennt. Das würde ich niemals schaffen ... Doch durch geduldiges Üben gelang es mir irgendwann doch, und heute betrachte ich diese Interaktion, dieses Zusammenspiel von Links und Rechts, als einen der interessantesten Aspekte beim Klavierspielen.
Was mir immer wieder auffällt, ist, wie schwierig es für mich als ungeübte Musikerin ist, zu hören, wo genau die Sache schiefgeht, wenn ich danebengreife, bzw. sofort zu wissen, welche Hand es ist, die die falsche Note spielt. Mit Sicherheit erfahre ich eine Disharmonie zunächst links, während sich bei näherer Betrachtung herausstellt, dass meine rechte Hand den Fehler gemacht hat. Oder umgekehrt. Dies scheint mir wie ein Bild für etwas ganz Grundlegendes in Beziehungen. Wie oft meinte ich zu wissen, dass mein Partner auf

dem Holzweg war, dass er einen falschen Ton anschlug, dass er falsch spielte oder eine Disharmonie verursachte! Ich war mir dessen immer ausgesprochen sicher: Ich strengte mich doch genauso an wie immer, also musste es an ihm liegen, wenn es zu Reibungen kam. Bis ich von jenem Dr. X. (siehe Kapitel 1) hörte, dass mein neuer Partner völlig in Ordnung sei. Seitdem begann ich besser hinzuschauen und hinzuhören, und plötzlich nahm ich die Disharmonie in mir selbst wahr.

Die Alchemisten kannten den Unterschied zwischen dem ›großen Werk‹, griechisch *ergon*, und *par ergon*, dem ›kleinen Werk‹, dem ›Bei-Werk‹. Das kleine Werk war dasjenige, was sie in ihren Laboratorien durchführten, die Experimente mit Quecksilber, Schwefel und Salz sowie anderen Stoffen. Das große Werk war ihre innere Entwicklung, ihre Verbindung mit Gott. *Ora et labora*, das berühmte lateinische Motto der Benediktiner, sagt auf andere Weise quasi im Telegrammstil dasselbe: Bete und arbeite. Wobei die Reihenfolge auch etwas über den Stellenwert und die Wichtigkeit aussagt.
In der Alchemie der Liebe bedeutet das, dass unsere eigene Verbindung mit dem Urquell des Daseins, der Schöpferkraft, das Wichtigste ist. Unsere Beziehung zum Göttlichen ist sozusagen die ›Nummer eins‹, die Beziehung zu unserem Partner ist ›Nummer zwei‹. Unsere geistige Entwicklung hat die größere Priorität. Eine glückliche Beziehung ist eigentlich, unter diesem Gesichtspunkt betrachtet, der Nebeneffekt einer gelungenen geistigen Entwicklung. Wenn man sich das konsequent klarmacht, kann es uns helfen, wahrhaftig und uns selber treu zu bleiben. Und dadurch sind wir besser in der Lage, anderen ein guter Partner zu sein.

Nicht nur unsere Beziehung ist ein alchemistischer Prozess; auch unsere eigene geistige Entwicklung ist es. Märchen und Mythen beschreiben in symbolischer Sprache die einzelnen Stadien, die ein Mensch durchlaufen muss, wenn er sich auf den Weg zur inneren Reifung und Ganzwerdung begibt. Das Märchen von Schneewittchen ist dafür ein wunderbares alchemistisches Beispiel.

Das Märchen beginnt mit einer Szene, die durch die Farben Schwarz, Weiß und Rot charakterisiert ist. Eine Königin sitzt am Fenster aus schwarzem Ebenholz und näht. Draußen schneit es. Sie sticht sich in den Finger und es fallen Blutstropfen in den weißen Schnee. Dies ist eigentlich ein wunderliches Bild. Denn wer sitzt schon am offenen Fenster und näht, wenn es draußen schneit? Diese zunächst eigenartigen Motive wollen uns sofort sagen, dass es sich hier nicht um eine ›normale Geschichte‹, sondern um einen alchemistischen Stoff handelt. Die Königin seufzt: »Ach, hätte ich doch ein Kind, so schwarz wie Ebenholz, so weiß wie Schnee und so rot wie Blut.« Und genau eine solche Tochter bekommt sie auch – in den meisten Überlieferungen des Märchens hat das Mädchen Haare, die so schwarz sind wie Ebenholz, eine Haut, die so weiß ist wie Schnee, und Lippen, so rot wie Blut. Danach stirbt die Königin.

Schneewittchen ist also ein alchemistisches Märchen. Und tatsächlich kann man es als das Bild für den Entwicklungsweg der weiblichen Heldin lesen. Die Einleitung ist die *calcinatio*, die Aufwärmphase.

Die Königin stirbt, und ihr folgt die böse Stiefmutter. Die symbolische Bedeutung dieses Motivs ist, dass für Frauen die Zeit der alten Göttinnen-Kultur mit den dazugehörenden Fruchtbarkeitsriten vorbei ist. Die echte Mutter ist gestorben; die ›Babyphase‹ der Menschheit, während derer die große Muttergöttin herrschte, ist definitiv vorbei. Wer dennoch in einer solchen ›Göttinnen-Sphäre‹ hängen bleibt, wird bemerken, dass aus der Mutter eine böse Stiefmutter geworden ist. Diese Stiefmutter befiehlt einem Jäger, das Kind zu töten und ihr sein Herz und seine Leber zu überbringen, denn sie möchte sie aufessen. Dies scheint ein direkter Verweis auf die Kinderopfer der vorgeschichtlichen Zeit zu sein: Es ist sehr wahrscheinlich, dass die so geopferten Kinder in den Anfangszeiten tatsächlich rituell gegessen wurden. Die Stiefmutter steht also für die ›alte Zeit‹, in welcher der Drache der alles verschlingenden weiblichen Begierde übermächtig war. In vielen Märchen tritt eine solche böse Stiefmutter auf oder eine Hexe, die Kinder aufisst. Sie sind immer ein Symbol für die Macht der primitiven Weiblichkeit, die ihre Geliebten verschlingt, anstatt sie wirklich zu lieben. Dies ist nicht mehr zeitgemäß – man muss dieses Stadium verlassen, weggehen, in die weite Welt ziehen, das heißt: den Pfad der geistigen Entwicklung beschreiten.

Schneewittchen verlässt notgedrungen die Höhle des alten Drachen und gelangt in eine neue, zunächst noch unbegreifliche Welt. *Solutio:* Die Heldin löst sich. Sie findet das Haus der sieben Zwerge, die jeden Tag früh am Morgen fortgehen, um hart zu arbeiten. Dies ist also die Welt des Männlichen, die Welt der Arbeit; doch ein echter Mann ist noch nicht dabei. Es sind zunächst nur kleine Stücke unbewusster Männlichkeit, die sich in ihrer Seele entwickeln, so könnte man dies interpretieren. Schneewittchen macht gerne Gebrauch von den Resultaten der Männerarbeit: Es isst von den Tellern, trinkt aus den Bechern und legt sich in eines ihrer Bettchen schlafen.

Die Zwerge, die es dort finden, sind sofort verrückt nach ihm, und sie bitten es, für sie zu kochen, zu waschen, zu nähen und zu stricken – kurzum, die typischen Frauentätigkeiten auszuführen. Und dies tut es.

All das geht eine ganze Weile gut, bis dann doch wieder die Stiefmutter auftaucht und eine List anwendet. Wenn man sich zu entwickeln beginnt, sollte man nicht denken, dass der Drache einen jetzt einfach in Ruhe lassen wird, sagt uns die Geschichte. Im Gegenteil: Der Drache verfolgt uns, er vermummt sich in etwas, das ganz unschuldig wirkt, und erwischt uns dann doch. Die Stiefmutter, die sich als eine alte Frau verkleidet hat, gibt unserer Heldin einen Zaubergürtel und zieht ihn so stark an, dass Schneewittchen wie tot zu Boden fällt. Ein solcher Gürtel ist ein Mittel, sexuell anziehender zu werden. Man hat den Eindruck, dass Schneewittchen hier sexuell zu erwachen beginnt. Es will seine weibliche Macht gebrauchen, die Macht von ›unterhalb der Gürtellinie‹. Der Drache in ihrer Seele flüstert ihm ein, wie es das tun muss. Sehr treffend kommt die Stiefmutter mit etwas, das einschnürt, straff zieht, die Bewegungsfreiheit beschränkt. Damit geht sie zum letzten, äußersten Gürtelloch, d. h. sie geht zu weit. *Putrefactio,* Verwesung in drei Akten: Es ist immer noch eine schwarze Phase, in der vieles schiefgehen kann.

Die Zwerge finden Schneewittchen am Abend, lösen den Gürtel und es beginnt wieder zu atmen. Die nächste List der bösen Stiefmutter ist ein giftiger Kamm, mit dem Schneewittchen seine Locken zusammenhalten kann. Kaum hat es ihn in sein Haar gesteckt, fällt es wieder wie tot zu Boden. Auch das Haar ist ein Symbol der sexuellen Macht. Und wieder retten es die Zwerge am Abend, indem sie den Kamm herausziehen.

Die dritte List ist der giftige Apfel, ein Symbol der Fruchtbarkeit, des unbewussten und tierischen Fortpflanzungstriebs. Die Stiefmutter isst von dem Apfel und es geschieht nichts. Natürlich nicht: Die primitive Begierde ist für sie vertrautes Terrain. Aber Schneewittchen, das bereits begonnen hat, sich zu entwickeln, verschluckt sich daran. Es nimmt einen Bissen, und dieser bleibt in seinem Hals stecken.

Nun ist es tatsächlich ausgeschaltet; es kommt nicht mehr zu Bewusstsein. Doch weil es noch so frisch aussieht wie ein lebendiger Mensch, legen die Zwerge es in einen Glassarg und beweinen es zusammen mit den Tieren.

Hier tritt die Geschichte in die weiße Phase der *sublimatio*, der Vergeistigung, ein. Das Alte stirbt und wird in einem gläsernen Sarg aufgebahrt, das heißt: in Klarheit, Durchsichtigkeit. Wir werden uns dessen bewusst, dass das Alte vorbei ist, und wir wissen noch nicht, was nun kommen wird. Der Prozess scheint zu stagnieren. Es ist Winter in der Seele.

Doch danach folgt eine Auferstehung auf höherer Ebene – mit dem Eintreffen des Prinzen, des edlen Mannes. Er verliebt sich sofort: die *rote Phase*. In der Seele Schneewittchens erwacht die Idee der Freiheit; es beginnt, das Endziel der echten Männlichkeit zu lieben. Als der Prinz den Sarg forttragen lässt, stolpern die Diener über einen Baumstumpf, und durch die Erschütterung rutscht das Apfelstück aus Schneewittchens Hals. ›Loslassen‹, lautet die Parole! Es ist wieder quicklebendig und heiratet dann natürlich seinen Prinzen – *conjunctio*. Das Märchen als Ganzes lehrt uns, wie man den Stein der Weisen in sich selbst zu finden vermag.

Nur der Prinz in ihrer Seele kann eine Frau lehren, wie sie loslassen muss, wie sie sich so entwickeln kann, dass sie sich aus den Krallen des eigenen Drachen zu befreien vermag. Es ist spaßig, dass der befreiende Anstoß aufgrund eines Stolperns erfolgt, also einer Art Fehler der Helfer des Prinzen – ein Fehler, der zugleich die Rettung bedeutet. Vielleicht können wir auch darin einen Hinweis darauf sehen, dass wir Frauen nicht zu raschen denken sollten, dass unser Mann etwas falsch macht ... Vielleicht ist es ja gerade gut für uns, was er tut, und vielleicht wollen Sie selbst auch diese Freiheit finden. Dies ist die *conjunctio* auf der Ebene des Alltagslebens.

Und was wird aus der Stiefmutter? Sie kommt zur Hochzeit Schneewittchens. Dort stehen eiserne Schuhe für sie bereit, die so lange im Feuer erhitzt worden sind, bis sie rot glühen. Die Stiefmutter muss in diesen Schuhen so lange tanzen, bis sie tot zu Boden fällt. Sie muss also mit all ihrer Drachenkraft tanzen, bis der Drache in ihr erschöpft ist und tot umfällt. Erst dann kann die echte Liebe kommen.

Während Schneewittchen noch in seinem Glassarg liegt, kommen Vögel, um ihm die letzte Ehre zu erweisen: eine Eule, ein Rabe und eine Taube.

Auch Vögel sind Symbole für geistige Qualitäten. Die Eule ist ein Nachttier, und wenn sie in einer Geschichte auftritt, bedeutet dies, dass wir jetzt die Welt der Finsternis, des Unbewussten betreten. Das ganze Märchen spielt sich innerhalb der Seele eines Menschen ab; der Entwicklungsprozess verläuft zum Teil noch unbewusst.

Der Rabe ist ein Bote, er vermittelt Nachrichten von einer kommenden Initiation, einer Einweihung oder eines Gestaltwandels. Schneewittchen wandelt sich vom Kind zur Frau,

so könnte man sagen, und schließlich von der Frau zu einem ganzen Menschen.
Die Taube schließlich bringt Frieden, Versöhnung, Liebe und Sicherheit. Diese drei Vögel symbolisieren somit auch das geistige Abenteuer Schneewittchens, das mit seinem eigenen Unbewussten ringt, eine Transformation erfährt, loslassen lernt und schließlich zur Liebe gelangt, die zugleich innere Freiheit ist.

Es ist interessant, dass die Hauptfiguren der bekanntesten Märchen, die wir noch heute unseren Kindern erzählen, Mädchen sind: Schneewittchen, Rotkäppchen, Aschenputtel … Aber natürlich gibt es auch unzählige Geschichten – sogar viel mehr, wenn wir die gesamte Literaturgeschichte einbeziehen –, in welchen ein männlicher Held einen alchemistischen Prozess durchläuft. Wie Joseph Campbell in seinem berühmten Buch *Der Heros in tausend Gestalten* darlegte, gibt es ein Grundmuster in den Abenteuern so berühmter Helden wie Prometheus, Jason, Aeneas und Tausender weiterer: Trennung – Einweihung – Rückkehr. Campbell schreibt: »Der Heros verlässt die Welt des gemeinen Tages und sucht einen Bereich übernatürlicher Wunder auf, besteht dort fabelartigen Mächte und erringt einen entscheidenden Sieg, dann kehrt er mit der Kraft, seine Mitmenschen mit Segnungen zu versehen, von seiner geheimnisvollen Mission zurück.«
Wir sind nach Campbell heute allesamt Helden: Wir müssen alle ausziehen, um uns mit dem Geistigen zu vereinen. »Und so teilt jeder von uns das höchste Gottesgericht und trägt das Kreuz des Erlösers – nicht in den Augenblicken großer Stammessiege, sondern im Schweigen seiner einsamen Verzweiflung.«

Der Weg der geistigen Entwicklung kann durch tiefe Täler führen. In einer Liebesbeziehung kann man manchmal wahnsinnig werden, wenn man sich klarmacht, dass es dem geliebten Menschen vielleicht niemals gelingen wird, unsere tiefsten Sehnsüchte zu befriedigen. Es wird niemals perfekt sein.
Der Psychologe John Welwood beschreibt dies in seinem Buch *Vollkommene Liebe und wie sie vielleicht sogar in einer Beziehung gefunden werden kann* sinngemäß so: Was in Beziehungen so frustrierend ist, ist die Tatsache, dass wir immer mehr von ihnen verlangen, als sie uns zu geben vermögen. Sie fühlen sich zu jemandem hingezogen, Sie bemühen sich, diese Person zu erobern, und wenn es gelungen ist, werden Sie miteinander schlafen und vielleicht sogar heiraten. Doch irgendwie führt all dies nicht dazu, dass Sie aufhören, sich nach etwas zu sehnen. Ihre Leidenschaft will immer mehr. Also entschließen Sie sich vielleicht, Kinder zu bekommen – vielleicht ist ja dies die Erfüllung, die Ihre Sehnsucht befriedigen wird. Oder Sie versuchen, Ihren Partner zu ändern. Aber dies schafft noch mehr Probleme, also begeben Sie sich vielleicht in eine Paartherapie oder Sie belegen Tantra-Workshops. Und was immer Sie auch tun, um Ihre Beziehung zu verbessern, Ihre Sehnsucht nach Mehr verschwindet niemals ganz.

Dies gilt nicht nur für die Liebe. Ein Freund berichtete mir, dass er häufig eine schmerzhafte Sehnsucht nach fernen Orten, paradiesischen Stränden am warmen Meer und tropischen Sternennächten verspürte. Dort, so dachte er, müsse das letzte und höchste Glück zu finden sein. Er hatte kein Heimweh, sondern Fernweh. Also reiste er in die Tropen. Und was zeigte sich? Genau an einem solchen Strand, überwölbt von wiegenden Palmen, mit dem warmen Meer zu seinen Füßen und den Sternen über seinem Kopf, hier und dort brannten Feuer am Strand, Menschen saßen in Gruppen beieinander und unterhielten sich leise – kurzum, in der Umgebung, die er sich in seinen schönsten Träumen erträumt hatte, wurde seine Sehnsucht nicht geringer, sondern stärker. Seine Brust brannte schmerzlich vor Verlangen … Doch Verlangen wonach? Das Paradies hatte er gefunden, wonach sehnte er sich also noch?

Jede Sehnsucht, sagt Welwood, auch die Sehnsucht nach einem anderen Menschen, ist ein Ableger der tiefsten Sehnsucht, derer wir fähig sind, der Sehnsucht nach dem Unendlichen. Die Sehnsucht nach Liebe in unserer Beziehung facht diese tiefere Sehnsucht an, weckt sie, lässt sie uns spüren. Unsere Sehnsucht nach dem Mehr geht aus dem hervor, was unendlich ist in uns, und sie zielt wiederum auf das Unendliche – auf grenzenlose Offenheit und Liebe. Grenzenlose Offenheit und Liebe sind das letzte Ziel jedes Mannes und jeder Frau auf Erden; Liebe und Freiheit vereinen sich, sie kristallisieren zur *ultima materia* des Bewusstseins aus.

Wie gelangen wir dorthin?

Die Sehnsucht selber beziehungsweise die Verzweiflung weist uns den Weg dorthin.

Wellwood schreibt, dass der Schmerz, den Menschen in Liebesbeziehungen erfahren, sich auf immer dieselbe Grunderfahrung zurückführen lässt: »Du liebst mich nicht genug, du liebst mich nicht, so wie ich bin.« Aber, so sagt er ferner, wenn man das spürt, so bedeutet dies im Grunde, dass man keinen Zugang zum unendlichen Quell der Liebe hat, den man im eigenen Herzen trägt. Erforschen Sie diesen Schmerz, und Sie werden irgendwann auf diese unendliche Sehnsucht in Ihrem Herzen stoßen.

Wir trauen uns häufig gar nicht mehr, diese Sehnsucht zu spüren, weil wir bereits im Kindesalter entsprechende Mangelerlebnisse hatten und weil es für unsere kleinen Körper viel zu schmerzhaft gewesen wäre, das zu fühlen, was wir fühlten. Also haben wir es verdrängt, einen Panzer um unser Gefühl gelegt und es vergessen – und seitdem suchen wir stets nach Ablenkungen, um diesen Schmerz nicht fühlen zu müssen.

Der erste Schritt besteht also darin, dass wir diese Verdrängung aufheben und es wagen, den Schmerz zu spüren. Dies wird ein Weg, der durch die Angst, die Verzweiflung, hindurchführt.

Lassen Sie dieses Gefühl zu, sagt Welwood, geben Sie ihm den notwendigen Raum. Dies können Sie tun, indem Sie das schmerzhafte oder unangenehme Gefühl in Ihrem Körper spüren, die körperliche Reizempfindung. Öffnen Sie sich dafür und begeben Sie sich hinein, ohne sich jedoch davon verschlingen zu lassen. Halten Sie die Energie dieses Gefühls fest, bleiben Sie mit ihrem Bewusstsein ständig dabei.

Wenn Sie dies tun und sich völlig für Ihre eigenen Bedürfnisse und Ihre Sehnsucht nach Liebe öffnen, so wird Ihre Sehnsucht selbst Sie zu der Stelle in Ihrem Herzen führen, wo Sie eine Verbindung mit der unendlichen Offenheit und Liebe herstellen, die dort immer waltet.

»Wenn Sie spüren, dass Sie sich im Griff eines schmerzhaften Bedürfnisses, einer Lust, eines tiefen Verlangens oder einer Obsession befinden«, so sagt Welwood, »können Sie lernen, Ihre Aufmerksamkeit vom Objekt Ihrer Begierde auf die Sehnsucht selbst zu verlagern, die ein Gefühl in Ihrem Körper darstellt. Dann können Sie versuchen, dieser Sehnsucht mit vorbehaltloser Gegenwart zu begegnen. Achten Sie auf das bewegende Gefühl, die intensive Energie des Hungers oder der Leidenschaft in Ihrem Körper, öffnen Sie sich für die Bewegung und begleiten Sie diese Energie stets mit Ihrem Bewusstsein.«

> »Reiten Sie auf dieser Energie«, sagt Wellwood wörtlich und vergleicht den Vorgang mit einem Surfer, der auf der Energie einer hohen Welle reitet.

Dies alles klingt, als müsse man ein Spitzensportler sein, um eine solche Leistung zu erbringen. Doch das Gegenteil ist wahr. Sich Hingeben, das Aufgeben führt Sie eher zum Ziel als jede Leistungsorientierung. Ich weiß das aus eigener Erfahrung: Um mein 35. Jahr herum durchlebte ich eine emotionale Krise. Nach der Geburt meines zweiten Kindes war ich seelisch zusammengeklappt. Unangenehmste Jugendtraumata waren aus meinem Unbewussten zum Vorschein gekommen; all die Tricks, die ich gelernt hatte, um Schmerz zu maskieren, funktionierten nicht mehr. Nichts funktionierte mehr. Ich versank tief in Depression und Bekümmertheit. Ich war unsagbar einsam: Ich war mir absolut sicher, dass es niemanden gab, der mich wirklich liebte. Ja, meine Kinder, aber das war ja gerade das Schlimme – die durfte ich doch nicht mit meiner unstillbaren Sehnsucht nach Liebe belasten. Ihnen sollte ich doch gerade Liebe geben! Doch woher sollte ich diese Liebe nehmen? Fast meine gesamte Familie hatte sich von mir abgewandt, nur meine Schwester unterstützte mich noch. Die Beziehung zu meinem Partner war aufs Äußerste angespannt, die Freunde blieben weg und ich hatte meine Arbeit vorübergehend aufgeben müssen. Kurzum, ich fühlte mich verstoßen und zurückgewiesen.

Eines Abends lagen meine Kinder im Bett und ich saß allein im Zimmer. Trauer hatte mich übermannt. Ich weinte und weinte, ganz allein an meinem Tisch, den Kopf auf die Arme gelegt, ich weinte so, als könnte ich niemals mehr damit aufhören. In meinem Kopf tönte es unablässig: »Niemand liebt mich, niemand liebt mich …«

Aller Kummer, alle Einsamkeit kamen an diesem Abend in Sturzbächen heraus. Doch wie es im Leben so geht: Nach einer Weile lassen die Tränen nach. Man schluchzt noch ab und zu ein wenig, doch irgendwann sind die Tränen getrocknet. Und man fühlt sich still und leer.

Und in dieser Stille kam etwas auf mich zu. Es war, als schwebte plötzlich etwas unsagbar Süßes und Liebevolles im Raume um mich herum. Es war äußerst zart, zerbrechlich und doch unleugbar gegenwärtig. Es war mehr ein Gefühl als eine Stimme, doch wenn man dieses Gefühl in Worte übertragen würde, dann etwa so: Aber die Katze liebt mich. Schau, sie kommt und schmiegt sich an meine Beine. Diese Blumen dort in der Vase lieben mich. Schau nur, wie sie strahlen. Auch die Vorhänge lieben mich. Sie wehren die Kälte und das Dunkel ab, sie beschützen mich. Ja, der Stuhl, auf dem ich sitze, liebt mich, er trägt mich. Der Tisch liebt mich, er ist mir zu Diensten, ich kann meine Arme, meinen Kopf darauf legen, er stützt mich. Alles trägt mich, alles beschützt mich, alles gibt sich mir im völligen Vertrauen hin. Alles um mich herum ist endlose Liebe und Akzeptanz, alles will, dass ich existiere. Denn wenn dies nicht so wäre, gäbe es mich nicht. Im Grunde werde ich tief, tief geliebt.

Man könnte sagen, dass ich, von der Verzweiflung dazu getrieben, endlich all meinen Stolz fallen ließ und meine tiefste Sehnsucht anerkannte: die Sehnsucht nach Liebe. Und diese Sehnsucht führte mich unweigerlich zum Quell der Liebe selbst, genau wie es Welwood in seinem Buch beschreibt. Es zeigte sich, dass diese Liebe bereits da war, sie erwies sich als der Grund meines ganzen Daseins. Völlig allein in diesem Zimmer, ohne dass ein Prinz auf einem weißen Pferd angaloppiert gekommen wäre, ohne einen liebevollen Anruf meiner Mutter, ohne den Besuch einfühlsamer Freundinnen und Freunde, genauso einsam, wie ich in den Monaten zuvor gewesen war, ja vielleicht noch einsamer; und endlich, am tiefsten Boden dieser Einsamkeit angelangt, fand ich auf diesem Boden den Quell einer unendlichen göttlichen Liebe, von der ich mich getragen wusste, was immer geschehen sein mochte und noch geschehen würde. Es war, als hätte mir ein Engel diese Botschaft überbracht.
Das Blei der Einsamkeit war zu Gold geworden.

11 Der Stein

> Die *ultima materia,* die höchste Vollendung,
> die auf Erden erreichbar ist, ist die Freiheit,
> auch das Unvollendete zu akzeptieren und zu lieben.

In Märchen heiraten der Prinz und die Prinzessin am Ende und leben danach noch lange und glücklich. Auch romantische Komödien haben meistens ein Happy End: Der Held und die Heldin fallen einander in die Arme und gehen einer rosigen Zukunft entgegen. Doch in der ernsthaften Literatur ist ein guter Ausgang der Geschichte heute eher selten, ja fast tabu, als drohte die Gefahr, in Kitsch zu verfallen. Das liegt daran, dass wir in einer zynischen Zeit leben. Wir empfinden es als cool oder erwachsen, einen düsteren Blick auf das Leben zu haben, es als ein Unglück, als etwas durch Zufall Entstandenes zu sehen. Zwar ein glanzvolles und schönes Unglück, aber dennoch als Unglück, das in sich selbst keinerlei Sinn hat und außerdem dazu verdammt ist, am Ende schiefzugehen. Denn jeder Mensch stirbt, die Sonne wird eines Tages erlöschen, alle Systeme tendieren ins Chaos und das Weltall breitet sich unaufhörlich immer weiter aus, was sehr ungemütlich klingt, weil es da draußen überall doch so leer und dunkel ist …

Was nicht jeder weiß, ist, dass die These vom ›bösen Ende‹ wissenschaftlich betrachtet nicht mehr haltbar ist. Das zweite Gesetz der Thermodynamik beinhaltet nicht, dass alle Systeme ins Chaos streben, wie wir gerade behaupteten, sondern vielmehr hin zu einer größeren Bewegungsfreiheit. Und alles im Leben deutet darauf hin, dass der Pfeil der Evolution nicht in die Richtung eines immer größeren Chaos' fliegt, sondern in die Richtung einer immer größer werdenden Freiheit.

Professor Franz Saris, ehemaliger Hochschullehrer und Dekan der Mathematischen und Naturwissenschaftlichen Fakultät an der Leidener Universität, wies in einem Vortrag darauf hin: »Es gibt eine andere, positivere Sichtweise, die durch jüngste Theoriebildungen und Experimente fundiert wird, und die besagt, dass die Natur Energie benötigt, um ihre Bewegungsfreiheit zu maximalisieren. Es würde in unserer heutigen Kultur, Wissenschaft und Literatur einen gewaltigen Unterschied ausmachen, wenn wir einsähen, dass unsere Welt nicht in die Unordnung und das Chaos tendiert, sondern dass der Pfeil der Zeit auf eine größere Bewegungsfreiheit zustrebt.«

Und mehr noch: In Laboratoriumsexperimenten und Computersimulationen zeigt sich überdies, dass diese zunehmende Freiheit durchaus mit einer immer höheren Ordnung einhergehen kann, was bestimmte Arten von Kristallen zeigen: »Diese Bewegungsfreiheit braucht nicht notwendigerweise zu einer größeren Unordnung zu führen. Die klassische Idee ist, dass in einem geschlossenen System nur Ordnung entstehen kann, wenn Energie hinzugefügt wird, doch dies stimmt nicht immer. Ein Beispiel: Müssen Moleküle einander anziehen, oder ist es auch möglich, dass sich ein Kristall aus Molekülen bildet, die einander abstoßen? Welche Variante bietet die größte Bewegungsfreiheit? Eine berühmt gewordene Computersimulation von Alder und Wood zeigte auf, dass ein System von sogenannten starren Kugeln, die einander im Weg sind, spontan einen Kristall bildet, weil die

Bewegungsfreiheit der Kugeln im Kristall größer ist als in der ungeordneten Flüssigkeit.«

Wollte man den Begriff ›Liebe‹ einmal auf eine andere Weise ausdrücken, so könnte man von ›harmonischer Ordnung‹ sprechen. Man sieht dann, dass zunehmende Freiheit und zunehmende Liebe in der Praxis durchaus zusammengehen können.

Sind Kristalle deswegen so populär? Weil sie im Stofflichen ganz konkret ausdrücken, was wir als Mensch erreichen wollen und können? Kristalle sind eine Art von *ultima materia* – die ihren höchsten Gipfel im Diamant erreicht. Doch auch Salz ist ein Kristall.

Beim Auskristallisieren eines Stoffes unterliegen die einzelnen Moleküle einer harmonischen Ordnung. Deswegen sind Kristalle meistens auch eine so wunderbare Erscheinung. Harmonie, Schönheit und Ordnung hängen eng zusammen mit Liebe, der höchstmöglichen Form der Verbindung oder Bindung, die wir kennen. Man könnte einen Kristallisationsprozess auch als Maximalisierung von Liebe betrachten. Eine Besonderheit bei Kristallen besteht, wie eben dargestellt, darin, dass das die Moleküle in ihnen ihre Bewegungsfreiheit gerade dadurch vergrößern, dass sie sich in eine harmonische Ordnung einfügen. Indem sie ihre Freiheit aufgeben, werden sie freier, könnte man sagen.

In einem Kristall gehen Liebe und Freiheit also problemlos zusammen, und damit zeigt er uns, was unser Ziel in einer Liebesbeziehung sein kann: Wir wollen selbst wie Kristalle werden, wie Diamanten; wir wollen in unseren Beziehungen und in uns selbst harmonische Ordnung mit Bewegungsfreiheit kombinieren lernen.

Meistens herrscht ein Konflikt zwischen Bewegungsfreiheit und Ordnung. Wenn die Freiheit zunimmt, tritt Chaos auf. Man denke nur an einen verwesenden Körper. Doch in einem Kristall handelt es sich nicht um ein Entweder-oder, sondern um ein Sowohl-als-auch. Jeder Kristall erinnert uns also daran, dass es möglich ist, sowohl Freiheit als auch Liebe im Leben zu realisieren. Der alchemistische Beziehungsprozess ist ein Kristallisationsprozess.

Warum ist unser heutiges Weltbild so pessimistisch und so zynisch? Warum können sogar viele Wissenschaftler nicht einsehen, dass die Evolution in die Richtung immer größerer Liebe und Freiheit deutet? Ich glaube, dass wir das Erbe der zurückgelegten Entwicklungsphasen zuerst abschütteln müssen. Ein Christentum mit einem Gott, von dem wir glaubten, dass er ganz und gar zwingende fordernde Liebe sei, wurde als so einengend und beklemmend empfunden, dass noch heute viele Menschen damit beschäftigt sind, dieses dogmatische Joch abzuschütteln. Je näher wir diesem Gott kamen, desto weniger Freiheit herrschte dort angeblich. Deswegen soll der Himmel auch ein unerträglich langweiliger Ort sein. Dieser alte Gott musste sterben. Die männliche rationale Wissenschaft, die die Stelle des früheren religiösen Denkens eingenommen hat, durchlief anfänglich eine euphorische Phase. Man glaubte, das Leben selbst enträtseln, verstehen und beherrschen zu können. Doch das optimistische Fortschrittsdenken scheiterte an den Schrecken zweier Weltkriege. Mehr Freiheit führte nur zu noch mehr Elend, so schlussfolgerte man. Doch diese Schlussfolgerung war verfrüht.

Die Wahrheit lautet vielmehr, dass die Zahl der Möglichkeiten zunimmt, in dem Maße, wie man dem Göttlichen näherkommt. Dieser Gott ist selbst das Prinzip der unendlichen Möglichkeiten, der grenzenlosen Schöpferkraft, der endlosen Variationen. Und mehr Freiheit kann auf einer höheren Ebene durchaus mit harmonischer Ordnung einhergehen. Und genau das ist es, was in der Evolution und auch unter den Menschen geschieht.

Aristoteles hatte recht: Alles ist auf dem Weg zum höchsten Ziel, das es zu erreichen vermag. Dies gilt auch für den Menschen. Steven Pinker, Professor für Linguistik und Psychologie an der Harvard-Universität, schrieb einen Essay, in welchem er darlegt, wie viel weniger gewalttätig die Menschheit im Laufe der Geschichte geworden ist. Die Sklaverei ist abgeschafft, Grausamkeit, rein zum Vergnügen, wird heute zunehmend anachronistisch, die Zahl der Morde nimmt weltweit stetig ab, und selbst in Kriegen gibt es, relativ betrachtet, immer weniger Opfer. Je mehr Kultur, desto weniger Anarchie. Auch die beiden Weltkriege des 20. Jahrhunderts gehören dazu, hat Pinker errechnet. Wären sie so blutig durchgeführt worden wie die früheren primitiven Kriege, so wäre die Zahl der Opfer um ein Vielfaches höher ausgefallen.

In prähistorischen Zeiten lebten die Menschen im kleinen Kreis, im Stammeszusammenhang. Sie glaubten, dass nur diejenigen, die ihrem eigenen Stamm angehörten, ›echte Menschen‹ seien. Alle anderen waren minderwertig und konnten darum auch ohne jeden Vorbehalt getötet werden. Je weiter sich die Zivilisation entwickelte, umso größer wurde der Kreis der ›echten Menschen‹. Nach dem Stamm kamen die Städte, danach der Staat, ganze Koalitionen von

Staaten. Im heutigen weltgeschichtlichen Augenblick teilen viele Menschen das Bewusstsein, dass wir allesamt Weltbürger sind, dass alle Menschen auf der ganzen Welt unsere Brüder und Schwestern sind und jeder dazugehört. Dass man keine Menschen einfach so töten kann. Ein globales Bewusstsein, ein Weltbewusstsein ist im Begriff, zu entstehen. Die ganze Welt ist ein Dorf. Ebenfalls beginnt sich die Erkenntnis durchzusetzen, dass wir auch Tiere und die Natur nicht als seelenlose Gegenstände behandeln dürfen.

Dies bedeutet eine enorme Zunahme an Liebe – der Kreis der Geschöpfe, die wir als unsere Mitgeschöpfe akzeptieren, hat sich stark ausgeweitet.

Währenddessen konstatieren wir auch eine Zunahme der geistigen Freiheit: Wir haben uns von primitiven Glaubenssystemen und einengendem Gruppendenken befreit, wir dürfen heute alle denken, was wir wollen. In immer mehr Ländern gibt es eine Demokratie, Glaubensfreiheit, Meinungsfreiheit, Pressefreiheit und so weiter.

Mit anderen Worten: Es entstehen immer mehr Freiheit und Liebe in der Welt. Und gleichzeitig müssen wir erkennen, dass es noch lange nicht genügend Liebe und Freiheit in der Welt gibt und dass wir uns dringend noch weiterentwickeln müssen.

Wie können wir dies umsetzen? Indem wir uns unermüdlich weiterbemühen, die Gegensätze zwischen Menschen zu überbrücken und auf einer höheren Ebene miteinander zu versöhnen.

Es gibt keine bessere Übungsstätte für diese ›Entwicklungsarbeit‹ als die eigene Liebesbeziehung, mit allen dazugehörenden Konflikten und Gegensätzen. Eine Beziehung ist wie ein Netz, sagten wir, in das wir geraten sind und in welchem

wir mehr oder weniger gezwungen werden, an uns selbst zu arbeiten. Dieses Netz erweist sich als eine alchemistische Retorte. Gerade die Reibung zwischen den Partnern sorgt dafür, dass der alchemistische Prozess in Gang gesetzt wird und weitergeht. Dies ist das Geheimnis des Kampfes. Ohne Reibungen und Auseinandersetzungen gäbe es keinen einzigen Grund, etwas zu entwickeln, weiterzukommen oder etwas Neues in der Welt zu schaffen.
Bewusst den Drachen und den Roboter in der eigenen Seele zu erkennen, sich mit ihm zu konfrontieren und schließlich unter Kontrolle zu bringen, darin besteht der effektivste Weg der Selbstentwicklung. Dies ist das ›große Werk‹ eines Alchemisten der Liebe; die Schaffung einer besseren Beziehung ist das ›kleine Werk‹.
In jeder Beziehung ist Fortschritt die logischere und realere Perspektive als Rückschritt. Und jede Beziehung, in der sich zwei Partner bemühen, miteinander etwas Gutes zu schaffen, bringt die soziale, kulturelle und geistige Evolution der Menschheit ein kleines Stückchen weiter. Jeder Fortschritt beginnt mit dem liebevollen Akzeptieren der Situation, wie sie im jeweiligen Moment ist. Vergessen Sie also jenen perfekten Partner, der Ihnen vor Augen stand, als Sie Ihre Beziehung mit ihm eingingen.

> Die höchste Vollendung, die auf Erden erreichbar ist, besteht in der Freiheit, auch das Unvollendete zu akzeptieren und zu lieben.

Dies lenkt unsere Aufmerksamkeit auf das Hier und Jetzt. Und damit öffnen wir uns für die geistige Welt, das Göttliche. Nur im Hier und Jetzt, im Stoff, berühren sich Zeit und

Raum, berührt der Himmel die Erde. Nur im Hier und Jetzt können wir eine Verbindung zur geistigen Welt, der Welt der göttlichen Freiheit und der göttlichen Liebe herstellen, aus der wir hervorgegangen sind und zu der wir zurückstreben. Inspiration aus dieser Quelle hilft uns, auch in unserer Alltagswirklichkeit, im Staub und Schutt des Kampfs ums Dasein, in der turbulenten Betriebsamkeit unseres Lebens, von Minute zu Minute Freiheit und Liebe zum Stein der Weisen kristallieren zu lassen.

Der Stein der Weisen ist ein Symbol für das Sowohl-als-auch-Prinzip. Wir entwickeln uns und wir sind nicht perfekt. Wir werden es wahrscheinlich auch niemals werden. Der Stein der Weisen ist Mittel *und* Zweck: Er ist die Liebe, die sich mit der Freiheit verbindet und dadurch das Unvollkommene so akzeptieren kann, wie es ist. Und er ist zugleich die Freiheit, die sich mit der Liebe verbindet und dadurch höheren Regionen zustrebt.

Der Stein ist nicht nur so außergewöhnlich wie ein Diamant, sondern auch so normal wie Salz. Er ist der Stein, der kein Stein ist; der Stein, der überall zu finden ist und zugleich unsichtbar, weil er sich in unserem Innern befindet.

Er ist der Punkt, in welchem sich Männlichkeit und Weiblichkeit, König und Königin, Schwefel und Quecksilber, Sonne und Mond, Freiheit und Liebe ungehindert miteinander verbinden und zur Kristallisation gelangen, immer wieder aufs Neue.

Er ist kostbar, doch er kostet nichts. Er ist flüchtig und ewig zugleich.

Alles ist eins, sagten die Alchemisten.

12 Sowohl – als auch

Wenn zwei miteinander kämpfen, haben zwei recht.
Es geht nicht um ein Entweder-oder,
sondern um ein Sowohl-als-auch.

Wenn zwei miteinander kämpfen, so sagt das Sprichwort, sind auch zwei daran schuld. In der Liebe kann es auch andersherum funktionieren: Wenn zwei miteinander kämpfen, haben sie beide recht. Ich habe recht, wenn ich finde, dass sich mein Mann ein wenig mehr zum Wohle unserer Beziehung anstrengen und sich etwas aktiver einbringen kann, als bequem die Verantwortung für die Liebe mir zu überlassen. Und er hat recht, wenn er findet, dass ich meine scharfen Drachenaugen zur Milde anhalten soll, dass ich ihn loslassen und ihm vertrauen muss. Und so weiter … Jeder kann hier seine eigene Variante einsetzen, sie wird die soundsovielte Variation auf das altbekannte klassische Thema sein.

Wenn Sie sich als Partner in einem Entwicklungsprozess erleben können, nimmt das Ihren Konflikten die Spitze. Sie können nicht anders: Sie sind so geschaffen. Und gleichzeitig können Sie durchaus anders, und Sie tun Ihr Möglichstes, sich selbst zum idealen Partner zu transformieren, der Sie gleichwohl niemals werden – und der Sie dennoch schon lange sind. Es ist kein *Entweder-oder*, sondern ein *Sowohl-als-auch.*

Bis zum Erreichen dieser Transformation ist es allerdings ein langer Weg, dessen Ziel wohl erst in ferner Zukunft ganz erreicht werden kann. Bis dahin bedarf es einiger Geduld.

»Und das machen wir jetzt noch schnell«, das ist in meiner Familie zu einem geflügelten Wort geworden. Natürlich mit einem Augenzwinkern. Man weiß, wie es geht, man beherrscht die Theorie einigermaßen, und jetzt muss man sie nur noch »schnell« in die Praxis umsetzen.

Und dann zeigt sich nicht selten, dass man dieses »Schnell« am besten vergessen sollte. Geduld ist eine der schönsten und wichtigsten alchemistischen Eigenschaften und Tugenden.

Es gehört zu unserer gehetzten Zeit, schnelle Resultate zu fordern. Dies ist so, weil wir stark in unseren Köpfen leben, in virtuellen Welten, wo Zeit keine Rolle spielt und alles im Handumdrehen geregelt werden kann. Doch das echte Leben kennt keine Hast, die Evolution hat keine Eile. Alles, was im Stofflichen stattfindet, ist träge.

Wir haben nur das Hier und Jetzt. Und zugleich haben wir die Ewigkeit. Wissen Sie, was Ewigkeit ist? Irgendwo weit weg steht ein hoher Berg, der höchste Berg der Welt. Einmal in hundert Jahren kommt ein Vogel angeflogen und wetzt seinen Schnabel an der Spitze dieses hohen Berges. Wenn nun der gesamte Berg aufgrund all der Vögel, die ihre Schnäbel daran gewetzt haben, irgendwann einmal abgetragen sein wird – dann ist eine Minute der Ewigkeit vorbei.

Wir haben sehr viel Zeit … Wenn Sie diesen Gedanken verinnerlichen, können Sie sich genauso gut entspannen. Und zugleich ist dieser eine Moment, dieses Jetzt, der Einzige, der wirklich existiert, und es kommt darauf an, was Sie *jetzt* tun.

Magier wollen die Wirklichkeit wie mit einem Zauberschlag verändern und ihren Wünschen angleichen. Alchemisten rühren in ihren Kesseln Blei, tagein, tagaus, mit endloser Geduld, bis sie selbst aufgrund ihrer treuen, hingebungsvollen Arbeit im Innern zu Gold geworden sind.

Verwendete und empfohlene Literatur

Brach, Jean-Pierre; Hanegraaff, W. J.: *Dictionary of Gnosis & Western Esotericism.* Brill, Leiden 2006

Bachmann, Manuel; Hofmeier, Thomas: *Geheimnisse der Alchemie.* Schwabe, Basel 1999

Campbell, Joseph, *Der Heros in tausend Gestalten,* Insel, Frankfurt 1999

Cunningham, Michael, *Helle Tage.* Bertelsmann, München 2008

Deida, David, *Der Weg des wahren Mannes. Ein Leitfaden für Meisterschaft in Beziehungen, Beruf und Sexualität.* Kamphausen, Bielefeld 2006

Deida, David, *Erleuchteter Sex. Ekstase als spiritueller Weg.* Goldmann, München 2007

Glass, Shirley, *Not ›Just Friends‹. Rebuilding Trust and Recovering Your Sanity After Infidelity.* Free Press, New York 2004

Gädeke, Wolfgang, *Warum Ehen scheitern. Grundzüge einer anthroposophischen Eheberatung.* Urachhaus, Stuttgart ²2000

Glöckler, Michaela, *Die weibliche und die männliche Konstitution. Medizinisch-menschenkundliche Aspekte zur Ehe.* Urachhaus Stuttgart 1992

Jung, Carl Gustav, *Psychologie und Alchemie (Gesammelte Werke Band 12).* Walter, Olten ²2006

Lionarons, Joyce Tally, *The Medieval Dragon: The Nature of the Beast in Germanic Literature.* Hisarlik Press, Middlesex 1998

Long, Barry, *Nur die Angst stirbt. Ein Buch der Befreiung.* Kamphausen, Bielefeld ²1997

Moberg, Kerstin Uvnäs, *The Oxytocin Factor: Tapping the Hormone of Calm, Love, and Healing.* Da Capo Press, Cambridge (Massachusetts) 2003

Passes, David, *Dragons. Truth, Myth and Legend.* Bennett Books, Santa Fe 1993

Schwartz-Salant, Nathan, *The Mystery of Human Relationship: Alchemy and the Transformation of Self.* Routledge, Oxford 1998

Roob, Alexander, *Alchemie und Mystik. Das hermetische Museum.* Taschen, Köln 2006

Steiner, Rudolf: *Mann, Weib und Kind im Lichte der Geisteswissenschaft.* In: *Die Erkenntnis der Seele und des Geiste (GA 56),* Rudolf Steiner Verlag, Dornach 1985

Thooft, Lisette: *Zehn Gebote der inneren Ruhe. Entschleunigen und entspannen in der No-Time-Gesellschaft.* Urachhaus, Stuttgart ³2008

dieselbe: *Sieben Wege zum inneren Reichtum. Ein Reiseführer in Richtung Glück.* Urachhaus, Stuttgart 2007

Walker, Barbara G.: *The Woman's Encyclopedia of Myths and Secrets.* HarperCollins, New York 1983

Welwood, John: *Vollkommene Liebe und wie sie vielleicht sogar in einer Beziehung gefunden werden kann.* Arbor Verlag, Freiburg 2007

Lisette Thooft

Zehn Gebote der inneren Ruhe

Entschleunigen und entspannen in der No-Time-Gesellschaft

Übersetzung aus dem Niederländischen: IMF Textdienste

131 Seiten, gb. mit SU

Bestimme ich mein Leben eigentlich selbst?
Wie sehr lasse ich mich von meiner Umwelt, den Medien, meinen Gewohnheiten steuern? Welchen Zwängen unterliege ich? Was meine ich zu versäumen?

Die niederländische Journalistin Lisette Thooft vermittelt mit ihren zehn inspirierenden »Geboten« wirkungsvolle Anstöße zur Bewältigung der vielen kleinen und großen Herausforderungen des Alltags.
Schaffen Sie sich mit diesen zehn Lebensmaximen Besinnungsmomente in der Hektik des Lebens und laden Sie den inneren Akku neu auf! Lernen Sie, aus der Kraft der inneren Ruhe die wirklich wichtigen Dinge von den unwichtigen zu unterscheiden und so zu einer neuen Lebensqualität zu gelangen!

URACHHAUS

Lisette Thooft

Sieben Wege zum inneren Reichtum

Ein Reiseführer in Richtung Glück

Übersetzung aus dem Niederländischen:
IMF Textdienste

166 Seiten, gb. mit SU

Sieben Wege zum inneren Reichtum ist eine Art Reiseführer, garniert mit geistvollen Anekdoten, fesselnden Fakten und nützlichen Tipps.
Lassen Sie sich mitnehmen auf den *Weg des Materiellen* und entdecken Sie den Reichtum, über den Sie schon jetzt verfügen. Genießen Sie auf dem *Weg in die Natur* die Schönheit der Schöpfung und kochen Sie sich eine *soupe de jour.* Erkennen Sie auf dem *Weg zur inneren Mutter,* dass es nie zu spät ist, eine gute Mutter zu bekommen. Schenken Sie sich selbst auf dem *Weg der Großzügigkeit* das Schönste, was man schenken kann: Aufmerksamkeit und Dankbarkeit. Lernen Sie sich besser kennen auf dem *Weg durch die Familiengeschichte.* Lassen Sie sich auf dem *Märchenweg* zu alten Weisheiten führen. Und landen Sie zum Schluss auf dem *Weg des Vertrauens,* auf dem der Schatz gefunden werden kann.